AF281997

Originalausgabe

© *by Mathias Bellmann. Das Werk einschließlich aller Inhalte ist
urheberrechtlich geschützt. Alle Rechte vorbehalten.*

© *2024 Mathias Bellmann*
Verlag: BoD · Books on Demand GmbH, In de Tarpen 42, 22848 Norderstedt
Druck: Libri Plureos GmbH, Friedensallee 273, 22763 Hamburg
ISBN: 978-3-7583-7053-3

Friedensverse

FSC
www.fsc.org

MIX

Papier aus ver-
antwortungsvollen
Quellen
Paper from
responsible sources

FSC® C105338

Friedensverse

Frieden beginnt,
Wenn wir uns vergeben.
Frieden blüht,
Wenn wir uns
Emotional berühren.

Eine Welt
Mit mehr Wert
Als bares Geld.
Eine Welt,
Die sich endlich
Selbst gefällt.

Wir brauchen
Den Frieden,
Denn wir wollen
Glücklich leben.

Wir brauchen dich,
Denn du trägst in dir
Das Friedenslicht!

Friedenssiebe

Ein Licht,
Das in den Augen sticht:
Das Friedenslicht.

Ein Gedanke,
Der wie eine Ranke
Die Welt umarme:
Der Friedensgedanke.

Ein Wort
An einem geheimen Ort
Trägt uns fort
Zum Friedenshort.

Geschwind
Bläst der Wind
Dem Friedenskind,
Das Glück bringt.

Jahre
In einem Tage,
Die uns dorthin tragen:
Des Friedens Wa(h)re.

Warum sich bekriegen?

Warum ist wieder
An tausend Orten Krieg?
Warum haben die Menschen
Nicht besser gegen die
Kriegshetzer gekämpft?

Wenige wollen Krieg,
Dennoch siegt
Er immer wieder.

Wie kann das sein?

Warum muss der Krieg
Immer wieder
Zurückkehren?

Warum wollen wir nicht verstehen,
Wie heilig alle Leben sind und
Dass es bessere Wege gibt?

Wieso ändern wir
Uns nicht und
Werden zu reinen,
Friedlichen Weisen?

Gaben und Taten

Wir wollen Frieden,
Aber wollen wir
Auch was dafür tun?

Frieden ist schön,
Nur er tut nicht
Einfach geschehen.

Frieden ist das Ziel,
Das wir nur mit
Harter Arbeit kriegen.

Frieden ist der Traum.
Es liegt in unserer Verantwortung
Ihn aufzubauen.

Frieden ist eine Gabe der Ahnen.
Nun sind wir die Ahnen,
Die vererben die Gaben.

Frieden ist so nah,
Wie ehrlich
Unsere Taten.

Dumme Narren

Noch immer begreifen sie nicht,
Was ihnen der Frieden bringt.
Wie kann das sein?
Wie können Menschen
So dumm sein?

Ja, ich nenne die dumm,
Die sich nicht um den Frieden kümmern.
Ja, ich nenne die blöd,
Die finden Frieden öd´.

Wir stehen am Abgrund,
Weiß der Volksmund.
Doch das Volk ändert nichts.
Es rast stur in die Finsternis
Endloser Krisen an den Finanzmärkten
Und den geostrategisch wichtigen Orten.

Narren tun Dinge
Ohne Sinn.
Dumme haben Spaß
An Dingen ohne Sinn.
Wo Sinnlosigkeit gewinnt,
Bald Krieg beginnt.

Träumer

Träumen wir wieder!
Wagen wir wieder zu träumen.
Lassen wir uns fallen in die Schäume
Unserer Träume und verkriechen wir
Uns in unseren Traumschlössern.

Der Traum vom Frieden
Ist der größte Sieg.
Denn niemand kann siegen
Ohne Frieden.
Niemand kann überleben
Auf den Wegen der Kriege.
Niemand wird glücklich sein,
Solange er ist gefangen im Kriegsreich.

Frieden ist mein Traum
Und er ist mehr als Schaum.
Frieden ist der Traum,
Auf den ich aufbaue.
Frieden ist der Traum
Meines Vertrauens.

Wagt, mit mir zu träumen
Von einer besseren Welt.
Wagt, mutig ins Land des Friedens
Zu schreiten.

Das Produkt wahrer Arbeit

Sie rufen:
Nie wieder Krieg,
Aber tun sonst nichts
Für den Frieden.

So kam er zurück,
Weil sie glaubten, ihr Glück
Liegt in billiger Unterhaltungsmusik
Und Entertainment rund um die Uhr.

Aber der Pfad zum Frieden
Kommt nicht mit Flügeln
Angeflogen oder wird uns
Vom Himmel geschenkt.
Er ist das Produkt harter Arbeit.

Überall knallt's
Dieser Tage auf dem Erdball.
Die Krisenherde sprießen
Und niemand kann mehr ohne
Sorgen sein Leben genießen.

Gesichter des Krieges

Kalte Kriegswinter
Und kleine Kinder.

Große Sorgen
Wegen der Panzertonnen.

Endlose Horden
Wollen morden.

Zerstückelte Leiber
Und vergewaltigte Weiber.

Tiefe Krater
Der bestialischen Granaten.

Die Hühner kacken
Neben den nackten Leichenackern.

Feindliche Ungeheuer
Und zerbombte Häuser.

Das Gas kriecht,
Während die Zivilisten siechen.

Kein nahes Ende
Oder Kriegswende.

Endlose Tage
Im Schützengraben.
Ohne Sinn. Ohne Hoffnung.
Wieder mal wegen nur eines Mannes.

Können

Frieden
Kann siegen,
Wenn wir endlich
Unsere Vorurteile verlieren.

Frieden
Kann triumphieren
Über die vielen
Dummen Kriegsideen.

Frieden
Kann fliegen
In unsere Herzen
Und alle Schmerzen
Überstrahlen.

Frieden
Kann uns alle
Zum Sieg führen.

Was willst du?

Wenn dir jeder Tag wichtig ist,
Was gibt es dann Wichtigeres,
Als für den Frieden aufzustehen
Und ihn zum Täglichen zu wählen?

Denn rauben wird dir
Der mörderische Krieg
Alle Tage, die noch kommen.
Unter kriegerischer Gewalt
Sind zerronnen Zeit
Und Glück und Eintracht.

Du liebst dein Leben?
Dann musst du
Für den Frieden aufstehen.
Du hasst Gewalt?
Dann musst du
Den Frieden einschalten
Im TV und Internet.
Du willst glücklich sein?
Dann musst du friedlich sein.
Denn das Glück deines inneren Wesens
Entsteht zwangsläufig nur im Frieden.

Glaube!

Glaube an dich
Und richte das Licht
Deiner Augen auf
Den Pfad des Friedens,
Um eine bessere Welt zu schauen.

Glaube an die Menschen
Und höre auf gegen
Deine Natur zu kämpfen.
Wir sind eingesperrt in den Wänden
Der Zwietracht, des Neides und der Angst.
Spreng die Ketten des Hasses!
Das wird die Welt retten.

Glaube an die Liebe,
Die tiefer geht
Als animalische Triebe.
Glaube an die Liebe,
Die die ganze Erde umarmt.

Glaube an die Erde
Auch, wenn unser Erbe
Grausam und gewalttätig ist.
Eine bessere Welt ist in Sicht.

Zurück aus der Zukunft

Hoffnung am fernen Horizont.
Doch erst mal haben wir
Alles verloren.
Hoffnung auf eine Generation,
Die den Wert der menschlichen
Gemeinschaft wieder höher schätzt
Als Marktanteile und
Geostrategische Wirtschaftskriege.

Wir hatten alles.
Wir hatten Frieden.
Wir hatten die Chance,
Es besser zu machen und
In ein stabiles Zeitalter
Zu rasen.

Es ist gescheitert:
Kriege, Blöcke, Seuchen
Und humanitäre Krisen
Sind die neue Wahrheit
Des alten Planeten.
Dazu kommen die Staaten,
Die wirtschaftlich scheitern,
Weil sie wieder auf autoritäre,
Charismatische Anführer setzen
Statt auf Logik und Rationalität.

Weihnachten

Zu Weihnachten
Wünschen sich alle Frieden.
Doch die gierigen
Diktatoren denken nicht
Daran, uns Frieden zu schenken.

Sie wollen Macht
An jedem Tag und
Zu jeder Zeit.
Sie lassen ihre Soldaten
Töten und wenn die Soldaten
Sterben, verweigern sie den Witwen
Ihr Geld.

Weihnachten
In den Tagen des Krieges.
Weihnachten
In der Zeit globaler Spannung.
Weihnachten
Trägt einen Wunsch:
Es ist der Wunsch
Einer friedlichen Weihnachtszeit.

Friedenslos

Frieden
Will siegen,
Wenn du zu einem Kind
Des Friedens wirst.

Frieden
Kann siegen,
Wenn du das
Friedenslied anstimmst.

Frieden
Kann kommen
An tausenden Orten
Und bleiben.

Frieden
Muss siegen,
Damit wir aufhören,
Uns zu streiten.

Frieden
Wird wahr,
Wenn die Menschheit
Von Hass und Neid
Ablässt und sich von
Habgier und Gewalt befreit.

Mehrwert

Ein Niemand
In einem freien
Und reichen Land zu sein,
Ist besser, als ein König
Unter den Fundamentalisten zu sein.

Titel sind nicht mehr wert
Als Frieden.
Reichtum ist nicht mehr wert
Als Freiheit.
Ruhm ist nicht mehr wert
Als Gerechtigkeit.

Eine heile Welt
Ist der größte Wert,
Der größte Schatz,
Der maximale Reichtum.

Es lohnt sich nach Frieden
Zu streben,
Denn es gibt keinen größeren Wert
Im Leben.

Friedlich schlafen

Ein friedlicher Schlaf.
Schlaf der Gerechten.
Ein schneller Fotograf
Unter friedlichen Mächten
Hält das Leben fest,
Das ist wie ein Lichtfest.

Ein kleiner Augenblick
Zwischen harter Arbeit
Im grenzenlosen Glück
Friedlichen Seins und
Wahrer Verbundenheit
In der Gemeinschaft.

Kein Lug und Trug
In einer friedlichen Welt.
Denn alle haben genug
Und jede:r ist ein Held*.
Diese Welt war wahr
Für mich und ist es noch.
Diese Welt ist nah
Für jedes Kind und
Wird es immer sein.

Ernsthaft

Eigentlich müssten alle nur
An den Weltfrieden glauben.
Eigentlich brauchen alle nur
Dem Weltfrieden zu vertrauen.

Ich scherze nicht!

Weil so viele an
Oberflächlichen Mist glauben.
Weil so viele
Ihrer Wut vertrauen.

Deshalb ist die Welt
So, wie sie ist.

Glauben wir neu.
Denn es geht.
Wir sind der Konvoi,
Der zum Frieden fährt.

Die Welt ist,
Wie sie ist, aber
Sie muss nicht
So bleiben.

Ich scherze nicht!

Von der Wiege bis zur Bahre

Ich erlebte Frieden
An jedem Tag meines Lebens.
Doch jetzt drohen Fremde,
Uns mit Raketen zu beschießen.

Die einen meines Volkes
Wollen aufrüsten.
Die anderen sich
Durch Worte schützen.
Die richtige Antwort ist nicht leicht,
Denn keine weiß, wie weit
Der Hass und die Gier der Fremden reicht.

Ich sah Frieden am Tag meiner Geburt
Und hoffe, ich erlebe Frieden bis zum Tod.
Doch ich bin Vater und wünsche mir
Auch für mein Kind Frieden,
Aber was kann ich tun,
Um den Frieden zu
Vermehren und zu stärken?

Es gibt die Friedenstat.
Es gibt das Friedenswort.
Es gibt den Friedensgedanken.
Mit diesen Drei will ich starten.

Henry David Thoreau

Ja, manchmal koche ich vor Zorn,
Wenn ich sehe, wie Politiker
Die Demokratie mit Füßen treten.
Dasselbe gilt für Politikerinnen,
Auch weil sie in den letzten Jahren
Bewiesen haben, dass die deutsche
Michaela dem deutschen Michel
In nichts nachsteht.

Blinde Politik.
Blind sieht sie weg,
Wie Fundamentalisten
Einen Staat im Staat bilden.

Blinde Politiker.
Blind sehen sie weg,
Wie Rassisten und Faschisten
In den Reihen der Beamten
Ihr Unwesen treiben.

Blinde Politikerinnen.
Blind sehen sie weg,
Wie Ausländer Frauenrechte
Mit Füßen treten und ein Femizid
Den nächsten jagt und in Berlin
Zwangsheiraten wieder zur
Normalität werden.

Ihre Blindheit werden wir bezahlen.
Erinnert euch an Thoreau und
Seinen Aufruf zum zivilen Ungehorsam.

Willkommen Träumer*in

Willkommen in deinen Träumen.
Willkommen in einer Welt,
In der du nie wieder fürchten musst,
Dass jemand kommt, um dich
Zu bestehlen und sei es
Der Diebstahl deines Lebens.

Willkommen in deinen Träumen.
Willkommen in einer Welt,
In der dich alle mögen,
Weil sich einfach alle mögen.
Denn es sind friedliche Menschen
Mit friedlichen Gedanken, die niemals
Schlecht voneinander denken.

Willkommen in deinen Träumen.
Willkommen in einer Welt,
Die genau das ist, was sich
Menschen wünschen, wenn sie sich
eine bessere Welt wünschen.

Willkommen in deinen Träumen.
Willkommen in einer Welt,
In der du immer reicher wirst,
Weil es der Frieden ist und
Das bedeutet, alle arbeiten
Zusammen, um sich zusammen
Reicher zu machen.

Kindererfinder

Kinder lachen,
Wenn wir erschaffen
Eine heile Welt
Mit friedlichem Spielzeug.

Kinder weinen,
Wenn sich die Leichen
Ihrer Liebsten
Vor ihren Augen stapeln.

Die Welt
Kleiner Kinderaugen
Wollen ein Leben
In Frieden schauen.

In unserer Verantwortung
Liegt die Verortung
Der Wege, die zum
Frieden führen.

Für unsere Kinder
Wollen wir erfinden
Nur noch heile Dinge
Zum glücklichen Spielen.

Dauerhafter Krisenmodus

Krieg und Korruption
Und zerstörtes Ozon.
Die Nachrichten sind voll
Vom Horror da draußen.

Geiselnehmer und
Wahnsinnige Attentäter.
Nirgendwo auf der Erde
Scheint es sicher zu sein.

Covid und
Anderer Mist
Geistern durch die Welt
Und rauben uns den Schlaf.

Dann kommt noch die Inflation
Und raubt uns den kargen Lohn,
Sodass das Leben in den
Eigenen vier Wänden immer
Unwirtlicher wird.

Die Krisen und
Die vielen Katastrophen
Zerstören den Glauben
Und unser aller Urvertrauen.

Friedenstaten

Sie schreien nie wieder
Auf ihren Demonstrationen,
Aber das ist alles, was sie tun.
Nur demonstrieren, aber nichts
Weiter tun, ist keine wahre Tat
Für den Frieden.

Wenn wir Frieden wollen,
Dann müssen wir mehr tun
Als demonstrieren.
Wir wollen, dass der Frieden
Dauerhaft überlebt, darum
Müssen wir mehr tun.

Weil sie immer nur demonstrieren,
Anstatt wirklich etwas zu tun,
Um den Frieden zu stabilisieren,
Deshalb stirbt der Frieden
Alle Jahre lang.

Es gibt so viele Dinge,
Die wir für den Frieden tun können.
Das beginnt bei Friedensliedern und
Geht über Friedensgedichte, bis zum
Friedensunterricht für die Kinder.

Noch?!?

Noch,
Aber wie lange noch?

Noch ist im Osten
Keine Atombombe gefallen,
Aber das atomare Säbelrasseln
Wird täglich lauter.

Noch gibt es im Süden
Freie Frauen, aber die Fundamentalisten
Zerstören täglich
Mehr Frauenrechte.

Noch war die letzte Pandemie
Ziemlich harmlos und klein,
Aber wer weiß, was China noch
In seinen Labors züchtet.

Noch leben wir in einer Demokratie,
Aber die Populisten von Rechts
Und Links dekonstruieren sie
Jeden Tag ein Stück mehr.

Noch haben wir hier Frieden,
Aber die Zahl der Feinde unseres Volkes
Wächst und es sind längst nicht mehr
Nur Faschisten, Kommunisten und
Fundamentalisten, die unsere Existenz bedrohen.

Credere

Fern sitzen sie und zittern
Vor den Bomben und Raketen.
Fern sitzen sie und schwitzen,
Weil der Klimawandel brennt.

Eine Welt endloser Probleme
Und unbekannter Lösungswege.
Eine Welt zum Verzweifeln.
Eine Welt mit abgehobenen Reichen.

Dieses Leben, das dir gegeben:
Wofür willst du es nutzen?
Willst du einfach mit verschmutzen
Oder alles sauber putzen?

Klein ist unser Leben.
Einsam das Gefühl
In den großen Städten.
Verloren in der weiten Welt,
Egal, ob mit oder ohne Geld.
Ein Platz für dich.
Ein Platz für mich.
Einfach nur etwas, das sich
Wie eine sichere Heimat anfühlt.

Vergiftete Atmosphäre

Wir frieren
In dieser kalten Welt.
Kein Mantel
Kann uns wärmen.
Solange nicht Frieden
Auf Erden; solange gibt
Es keine echte Wärme.

Auf dieser Erde
Könnte Liebe blühen.
Auf dieser Erde
Könnten wir uns
Wirklich berühren.
Auf dieser Erde
Könnte Glück sprühen.
Doch der Hass.
Doch die Gier
Nach fremdem Land.
Doch der Neid.
Doch die Sucht
Nach einem größeren Reich.

Empathie und Mitgefühl fehlen.
Liebe will mit dem Frieden tanzen
Und die Kinder der Menschen
Wollen sich wertschätzen,
Sich kennenlernen und
Einander verstehen.

Wann beginnt
Das goldene Zeitalter des Friedens?

Weil sie versagten

Fern wirkt der Frieden
Dieser Tage.
Nah war er noch
Vor ein paar Jahren.

Die Gewählten
Haben die Chance verspielt,
Dass der Frieden
Im großen Stil siegt.

Sie wurden gewählt
Und hatten eine Aufgabe.
Sie wurden gewählt,
Das Volk zu schützen.

Heute sehen wir, wie ihr
Handeln den Krieg begünstigte.
Heute erleben wir, wie ihr
Versagen uns peinigt.

Fern wirkt der Frieden
In der heutigen Zeit.
Mag die Zukunft
Wieder besser werden.

Teamplay

Könnte ein Mann,
Könnte eine Frau,
Könnte ein Mensch
Allein den Frieden aufbauen?

Nein!

Frieden ist
Ein gemeinsames Ding.
Frieden ist
Ein Gemeinschaftsprojekt.
Frieden ist
Das Miteinander.

Wir sind viele und
Vor allem, wir sind niemals
Alleine.

Wir sind immer verbunden.
Wir sind immer vereint.
Wir sind immer gemeinsam
In dieser unserer Welt.

Gibt es Krieg, dann weil
Manche vergessen haben,
Dass wir alle verbunden sind
Und zusammengehören.

Gibt es Frieden, dann weil
Wir vergessen haben,
Dass wir alle im selben
Team spielen.

Zu oft

Zu oft sahen wir
Das Licht einer besseren Zeit
Am Horizont scheinen.
Zu oft haben Bomben
Und Horden voller Mordender
Die schönsten Aussichten vernichtet.

Wir sehen wieder
Hinauf zu den Sternen.
Wir tanzen erneut
Im Licht des Mondes.

Hoffnung ist wieder
Unser bester Freund:
Hoffnung auf eine
Bessere Zeit.

Wird es diesmal anders?
Halten wir die Kriegshetzer
Diesmal auf?
Stoppen wir die habgierigen Weiber,
Die die Menschen zum Morden verleiten?

Die Zukunft ist ungewiss.
Die Zukunft bleibt ungewiss.
Das ist gut oder schlecht!

Große Kleine

Kleine Momente,
Wenn die Kleine
Beim Arzt.

Kleine Taten,
Wenn die Kleinen
Die Welt entdecken.

Kleine Hoffnung
Bei den Großen,
Dass die Welt heil bleibt.

Große Liebe
Für die Kleinen,
Damit sie Frieden reimen.

Kleine Leben,
Die nach Großem streben
Und Bäume pflanzen
Für neue Reben.

Friedenschor

Friedenslieder
Erklingen auf den Lippen
Der Jugend.

Solange die Jungen
Träumen vom Frieden,
Solange gibt es Hoffnung
Auf Erden.

Aber wenn die Jugend
Nur noch an Besitz und
Ihren Narziss glaubt,
Dann ist die Welt
Dem Untergang geweiht.

Friedenslieder
Zu singen ist ein Pfad
Zum Frieden.
Also lasst uns singen
Und sie in unseren Herzen klingen,
Damit wir nie vergessen,
Was der Sinn des Lebens.

Hoffnung

Wenn Familien feiern
Und das einzige Knallen
Das Feuerwerk am Himmel ist,
Dann besteht Hoffnung
Auf eine bessere Welt.

Verbunden seit Äonen
Fassen sich Menschen
An den Händen
Und halten sich fest.

Verbunden durch Herzen
Stehen alle Menschen auf
Und widerstehen den
Grellen Schmerzen.

Wenn die Tage hell
Und die Nächte dunkel
Und keine Pfeile
Die Tage verdunkeln
Und keine Bomben
Die Nacht erhellen,
Dann besteht Hoffnung
Auf eine bessere Welt.

Unfälle?

Und wieder weint die Sonne,
Denn wieder stirbt ein Kind.

Unsinnig sind die Toten der Kriege,
So wie unsinnig ist der Hass.

Überall weigern sich Menschen
Zu marschieren oder zu kämpfen.

Unentwegt hetzt die Propaganda
Der Fundamentalisten und Habgierigen.

Unfair ist das Leiden
Der einfachen Menschen.

Unerlässlich müssen wir aufstehen
Und uns für den Frieden erheben.

Friedensblumen

Frieden sprießt
In jenen Herzen,
Wo die Liebe fließt.

Niemand will morden
Und dennoch ziehen Horden
Mordend über die Erde.

Niemand will Krieg,
Weil es keine Sieger gibt
Und dennoch führen sie Krieg.

Frieden blüht
In einem Gemüt,
Das sich selbst genügt.

Kinder lachen,
Solange sie heile
Spielsachen haben.

Auch die Eltern lächeln,
Weil sie wissen, nur Frieden
Kann sie beschützen.

Befreien

Es gibt keine Glorie
Auf dem Feld.
Nie kann von Ehre gesprochen werden,
Wenn ein Mann aus Gier nach Land
Einen anderen tötet.

Mag sein, dass es den ehrenhaften Kampf
Gibt, aber das ist nur der Kampf,
Bei dem man die Besatzer, Eroberer,
Unterdrücker und Revolutionäre
Zurückschlägt und seiner Heimat,
Seinem Volk und allen Menschen
Die Freiheit zurückgibt.

Freiheit: davon will ich sprechen.
Dort wo ein Mann über einem anderen Mann,
Dort wo eine Frau über einer anderen Frau,
Dort wo ein Kind über einem anderen Kind
Steht, dort gibt es keine Freiheit.

Freiheit ist nur wahr,
Freiheit gibt es nur da,
Wo alle Menschen Gleiche sind,
Wo alle Menschen gleich sind,
Wo alle Menschen gleichwertig sind,
Wo alle Menschen gleichrangig sind.
Nur dort findest du echte Freiheit.
Nur dort findest du echten Frieden.
Nur dort findest du dein höchstes Glück.
Nur dort findest du den tiefsten Sinn.
Nur dort findest du absolute Wahrheit.

Krisenmodus

Eine Welt am Abgrund.
Menschen ohne Haltung.
Mit Höchstgeschwindigkeit
Rasen wir ins Scheitern.
Mit Affentempo
Rasen wir in die Katastrophen.

Wäre es nur eine.
Wir wären fein raus.
Wären es nur Kleine,
Wir könnten uns entspannen.
Aber diese Katastrophen
Tragen globale Fußnoten.
Diese fiesen Krisen
Sind nicht leicht zu besiegen.

Was werden wir unseren
Kindern sagen?
Was würden sie uns
Heute raten?
Denn wenn wir die Krisen
Nicht besiegen, erwartet sie
Ein schlechteres Leben.
Wenn wir die Katastrophen
Nicht moderieren, werden wir
Am Ende kapitulieren und
Was wird dann aus unserer Spezies?

TV Dramen

Nachrichten
Berichten von Konflikten.
Die Moderatoren
Zeigen uns neue Tote,
Die ermordet oder
Einfach in die Luft gesprengt wurden.

Wir sind müde von dem,
Was wir im Fernsehen sehen.
Wir sind längst stumpf
Vom kranken Sumpf
Aus Hass und Gewalt, der die Welt
In seiner Gewalt hält.

Wir hoffen zu Weihnachten
Auf bessere Nächte, aber auch jetzt
Folgen Menschen ihren Kriegsmanifesten
Und töten, morden und lassen keinen
Augenblick ungenutzt,
Um anderen zu schaden.

Wir sind müde und
Wir sind es leid.
Aber wie viele machen den TV aus
Und bauen eine bessere Welt auf?

Endspurt

Wir leben hier
In Saus und Braus.
Okay ein bisschen
Corona-Isolation und Inflation,
Aber im Grunde geht's uns gut.

Aber da draußen gibt es Lager,
In denen Millionen Zwangsarbeit leisten.
Da draußen gibt es dunkle Keller,
In denen Pädophile Kinder vergewaltigen.
Da draußen gibt es Raketen,
Die quasi täglich in Häusern explodieren.
Da draußen gibt es kriminelle Gangs,
Die ganze Nachbarschaften terrorisieren.

Ihr seht, uns geht's (noch) gut,
Aber glaubt nicht, dass wenn wir
Nicht klug und fleißig sind,
Dass wir uns dann lange vor
Diesen grauenvollen Dingen
Schützen können.

Ein gutes Ding

Gut Ding will Weile haben:
Dann muss der Weltfrieden
Fantastisch sein, denn wir warten
Schon tausend Jahre lang.

Warten wir, weil
Er Zeit braucht, um zu reifen?
Oder warten wir, weil
Wir zu wenig tun?
Sind wir reif für den Frieden
Oder als Unwissende verdammt
Zu ewigen Kriegen?

Gut Ding will Weile haben;
Klingt gut, aber wir warten
Schon über tausend Jahre lang.
Gut Ding muss mal passen
Rein in unsern Weltkasten.
Gut Ding soll sich beeilen,
Weil wir warten schon zu lang.

Ohnmacht

Wir stehen am Abgrund.
Eben noch war die Welt
Frei und bunt.
Jetzt regt sich ein böser Bund
Übler Mächte und will
Uns zerstören.

Da sind die Kommunisten,
Die über hundert Millionen
Menschen ermordet haben.
Da sind die Fundamentalisten,
Die seit tausend Jahren
Versuchen, alles zu versklaven,
Was nicht bei drei auf den Bäumen.
Da sind die rechten Faschisten,
Die mit ihrem kranken Mist,
Einen Weltbrand entfachen wollen.

Wir stehen mittendrin
Und wissen nicht mehr,
Wo vorn und hinten ist.
Wir sind völlig überfordert
Und fühlen uns zurückbeordert
Ins Jahrhundert der Weltkriege.

Süße Glocken klingen,
Ohnmächtig will ich
Ein kleines Friedenslied singen.

einfach

Ein
Bisschen
Frieden

Ein
Herz
Voller Liebe

Ein
Handschlag
Der Freundschaft

Ein
Ewiger
Friedensvertrag

Ein
Weg gegen
Jeden Krieg

Ein
Wort
Das versöhnt

Eine
Menschheit
Ewigen Friedens

Zerrissen

Keine Momente.
Keine Augenblicke.
Tote Lust und
Unendlicher Frust.

Schweigst du jetzt,
Bereust du ewiglich
Oder mindestens bis
Zum letzten Atemzug.

Gibst du alles
Und verlierst,
Dann hast du es
Wenigstens probiert.

Der Krieg, er klopft.
Der Frieden verpufft.
Armut und Krankheit
Kriechen siechend.

Was ist, was war,
Was wird sein?
Immer nur ein Moment,
Um den Frieden zu umarmen.

Ursache und Wirkung

Des Friedens Licht
Ist eine mahnende Pflicht.

Wenn ihr seht,
Wie ein anderes Volk
Im Raketenhagel untergeht,
Könnt ihr ruhig sitzen bleiben
Oder drängt es euch
Nach Friedenstaten?

Was Weise lehren
Und alle Klugen wissen,
Alles existiert aus Ursachen
Und Wirkungen.

Wenn Frieden die Wirkung ist,
Frage ich dich, was du bereit bist
Zu tun, damit Frieden geschieht?

Frieden ist das Ergebnis,
Aber ihr sitzt und relaxed,
Schaut TV und scrollt durchs Handy.
Aber wenn ihr so weiterlebt,
Wird Krieg jeden Tag wahrscheinlicher.

Sag mir wo

Nimmermehr,
Schrie der schwarze Rabe.
Aber der General lachte
Und verbrannte die Erde.

Der weiße Elefant trompetete
Die Melodie des Friedens,
Aber der König lachte
Und zwang alle jungen Männer
Zum Kriegsdienst.

Die weiße Taube
Flog übers Feld,
Aber die Propagandisten
Peitschten die Kriegsparolen
Durch Radio, TV und Internet.

Einfache Mütter demonstrierten
Für das Leben ihrer Söhne,
Aber die Präsidenten ließen
Die alten Frauen einfach verschwinden.

Toter Ruf,
Der Wahrheit sprach
Am Grab gepflückter Blumen.

Gefesselte Herzen

Ein freies Leben
Mit einem freien Herzen,
Dem erlaubt ist zu fühlen,
Wie es will. Das ist leider
Die Ausnahme in der Geschichte
Unserer menschlichen Spezies.

Wir sind gebunden an Zwänge,
Werden gepeitscht von Konventionen
Und sind gekettet an soziale Normen.
Kein freies Herz jahrhundertelang.
Kein Freigeist, der nicht gepeinigt
Vom Zwang der Herrschenden.

Wenn das Herz erst frei,
Dann wird es nur Güte fühlen.
Solange es in Ketten
Der Konventionen und Normen liegt,
Ist es verdammt zu Perversion,
Härte und Hass.

Freie Herzen,
Die mit echten Werten
Die Schmerzen der anderen
Umarmen und ihnen Beistand schenken.

Panzerflotten

Panzer rollen.
Soldaten marschieren.
Zivilisten zollen
Mit ihren Leben.

Flugzeuge fliegen
Und Bomben fallen.
Kinder verlieren
Ihr Zuhause.

Diktatoren schreien,
Die Dummen folgen
Und die Armen weinen
Über die gesäte Gewalt.

Sie erklären den Krieg
Und lassen Armeen stationieren,
Die Masse schwieg
Aus Angst vor Folter.

Ein Kreislauf der Gewalt
Nimmt überhand.
Wir sind in einer Irrenanstalt
Von Menschen, die sich weigern
Dazuzulernen.

Glückstränen

Wir sind alle Kinder des Friedens,
Denn im Krieg wären wir
Nie geboren, denn nur der Lieb Sieg
Lässt neue Kinder zeugen.

Kein Ort der Welt,
An dem Frieden nichts zählt.
Kein Herz der Welt, das sich nicht
Nach Liebe sehnt.

Tränen im Sand.
Mal vor Glück, weil
Jedes Herz heilt.
Mal vor Schmerz, weil
Wieder alles zerbricht.

Wenn wir tanzen
Und einfach nur lachen,
Können wir dann alle Gedanken
Des Krieges einfach ungeschehen machen?

Wenn wir leben,
Ohne den Hass zu nähren,
Hört es dann auf, dass sich Menschen
Gegenseitig das Leben nehmen?

Wahrer Pfad

Das Blut
Des Mutes.

Ein Schlitz
Im Blitz.

Die Kraft
Der Macht.

Kein Sieg
Im Krieg.

Nur Frieden
Fliegt.

Kinder
Finden.

Wende
Als Kriegsende.

Ewiger Sieg
Im wahren Fried.

Blutiges Kaleidoskop

Lebende Leichen.
Hautfetzen abgerissen
Von noch zuckenden Leibern.
Blut spritzt und die Reste des Gehirns
Fliegen durch die Luft.

Vergewaltigt im Staub.
Er hat ihr noch einmal
Ins Gesicht gespuckt,
Nachdem er mit ihr fertig war.

Gegessen bei
Lebendigem Leib.
Verbrannt bei
Wachem Geist.

Gewalt grassiert.
Hass triumphiert
Und der Glaube
An den Krieg siegt und
Bringt das Morden zurück.

Regenrinne

Krieg und Frieden
Und tausend Flügel.
Aufatmen im Sonnenschein.

Schwere Momente
Im fahlen Mondlicht.
Sand auf frischem Grab.

Blutunterlaufene Augen.
Tränensäcke an den
Gefluteten Flüssen.

Wege ins Abseits.
Gefühle alter Zeit
In ewiger Dunkelheit.

Ein kleiner Bach.
Ein junges Tal
Und die Qual der Wahl.

Besser

Träume einer besseren Welt
Geistern durch die Welt,
Seit ich denken kann.
Selbst in der Zeit vor dieser Zeit
Träumten sie davon.

Nun sie ist besser als früher,
Doch noch immer weit entfernt
Gut zu sein.

Krieg herrscht.
Kinderarbeit quält.
Klimawandel zerstört.
Krisenmodus ist unser Dauerzustand.

Träume von einer besseren Welt
Geistern durch die Welt.
Aber wann kommt die Generation,
Die aufsteht und sie besser macht?

Freiheit

Freiheit ist am Ende
Nichts anderes als
Die Freiheit von Krieg.

Freiheit bedeutet
Am Ende nichts anderes,
Als einfach seine
Führer abwählen zu können.

Freiheit ist am Ende
Nichts anderes
Als der Zwilling des Friedens.

Freiheit ist am Ende
Das Kind eines
Wachen Geistes.

Freiheit ist von Anfang
Bis Ende das Sehnen
Jeder geknechteten Seele.

Episch mörderisch

Jahr um Jahr,
Jahrzehnt um Jahrzehnt,
Jahrhundert um Jahrhundert:
Ja, mittlerweile sind es Jahrtausende,
Die wir Menschen uns bekriegen.

Erschlagen.
Erschießen.
Vergiften.
Vergasen.
Bombardieren.
Verstrahlen.

Wir haben nicht nur eine, zehn
Oder hundert Methoden entwickelt,
Um uns gegenseitig zu töten.
Es sind mehr und jede davon
Ist eine zu viel.

Wir sind Menschen
Und es gibt etwas,
Das alle Menschen
Gemeinsam haben.
So wird jeder Mord
Zu einem Mord an uns.
So wird jeder Mörder
Auch zum Selbstmörder.
Die Frage bleibt,
Wann endet der
Mörderische Scheiß?

Gegensätze

Zu den Sternen
Wollen wir segeln,
Während wir unsere
Erde zerstören.

Wir träumen
Von schönen Dingen,
Aber lassen nicht
Liebe in uns erklingen.

Wir laben uns
An vielen Tagen,
Aber die Armen
Darben bitterlich.

Verteilungskriege
werden wieder Realität
Und kleine Kinder
Schuften in Minen.

Krisen geschehen,
Während Superyachten
Ruhig vor Anker liegen
Und ihre Besitzer spazieren
Gehen.

Fraktionszwänge

Wahrheit heilt,
Weiß jedes Kind
Weit und breit.
Doch die Politiker lügen
Und führen Intrigen und das Volk
An der Nase herum.
So untergraben sie die Demokratie
Und bereiten den Demagogen
Den Weg, um das Volk
Mit aufgeblasenen Worten
Zu verführen.

All die Lügen der Köpfe
Ganz oben zerstören das Vertrauen.
All das Betrügen der verantwortlichen
Personen entfremden Volk und Politik.
All die indirekte Korruption durch
Die Lobbyfraktion zerreißt
Die Einheit der Menschen.

Heute suchst du meilenweit
Die Integrität in den Büros
Der Kommissionen und Fraktionen.

Expresszug

Zu wenig Frieden,
Zu viele sehen
Einfach nur fern
Und wundern sich,
Wenn die Welt zerbricht.

Zu wenig Liebe,
Zu viele folgen
Nur ihren Trieben
Und ficken, ohne
Auf ihre Gefühle zu hören
Und dann werden sie
Einsam alt.

Zu wenig Geld
Für arme Menschen.
Zu viel fließt in die Taschen
Einer neuen Finanzaristokratie
Und findet nie den Weg
In sozial gerechte Investitionen.

Zu wenige Ideen
Und zu viele begehren
Nach alten Ideologien,
Die im Express
In neue Kriege führen.

AI

Kummer. Sorgen.
AI-Waffensysteme
Sind auf dem Vormarsch.

Terroristen
Haben vorbestellt.

Neue Karten.
Unbemannt viel Schaden
Bei unschuldigen Ungläubigen
Anrichten.

Ihre Ideologien sind Hass
Und Unterdrückung und
Die totale Kontrolle,
Schlimmer als in 1984.

Kommunisten
Und Faschisten
Haben vorbestellt
Und die Könige und Scheichs
Der Welt kaufen ein riesiges Paket.

Pegasus zeigt,
Wie sehr schon
Alle überwachen.
AI wird den totalen Staat
Wirklich machbar machen;
Letztendlich sogar ohne Autokraten
Und ohne Biomasse.

Siegen durch Frieden

Frieden
Immer wieder Frieden
Siegen mit Frieden
Denn Frieden
Bedeutet siegen

Sie belügen
Jene die in den Kriegen
Aufmarschieren
Sie belügen und
Betrügen die Naiven
Sie erzählen von ihren Kriegen
Und wie sie zu Siegen führen
Aber alle Kriege
Führen ins Verlieren

Frieden
Bedeutet zu siegen
Frieden
Bedeutet sich zu lieben
Alle die sich bekriegen
Wissen nicht zu lieben
Deshalb töten sie
Deshalb verlieren sie
All ihre Lieben

Winterkrieg

Der Schnee fällt
Und die Rattenplage
Quält die Soldaten
In den Schützengräben.

Frisches Gemüse
Und Fleisch für die Spaten.
Kaum zwei Tage an der Front;
Schon im Grab gelandet.

Der Winterkrieg
Ist der Tierpunkt
In den Ländern
Des Nordens.

Kalte Hände.
Leere Herzen.
Angst am Rand
Der Schießscharten.

Der Schnee fällt
Und die Bilder der Familien
Auf den Smartphones
Sind die einzige Hoffnung
Der Soldaten.

Jugendsünden

Sängen sie nur vom Frieden,
Aber diese Jugend will
Lieber große Autos fahren
Und viel ficken.

Wäre ihr Herz nur klar
Und nicht vergiftet von
Unnützen materiellen Wünschen,
Die die Habgier sprießen lassen.

Diese Jugend will der Boss sein,
So wie einst alle Führer
Von irgendwas oder irgendwem
Boss sein wollten und sei es nur
Der Standartenführer.

Frauen wollen heute Schlampen
Sein und weinen dann Jahrzehnte
Lang, weil sie es nicht schaffen,
Eine glückliche Beziehung zu erschaffen.

Eine Welt wird, wie
Ihre Jugend denkt.
In der Welt entstehen Probleme
Gemessen am Grad
Der Intelligenz ihrer nächsten Generation.

Weltfrieden

Stell dir den Tag vor,
An dem der Weltfrieden beginnt
Und endlich jedes Kind sicher ist.

Möglich oder unmöglich;
Darüber streiten die Realisten.
Träumer und Visionäre wissen,
Dass es keinen Zweifel geben kann.

Wie lange mussten wir
Vom Fliegen träumen,
Bevor sich Menschen
Wirklich in den Lufträumen
Zuhause fühlten?

Träume!
Werde eine Visionärin!
Greif nach den Sternen
Und höre nicht auf die Neinsager!

Zweifler, Pessimisten gibt es immer.
Aber ihr Zweifel ist ihr Zweifel,
Denn sie sehen die Welt,
Wie sie selber sind.
Aber du siehst den Weltfrieden,
Weil in deiner Welt Frieden ist.

Friedensliebe

Frieden lieben,
Heißt sich selbst
Zu lieben

In den Krieg
Zu ziehen ist eine Form
Von Selbsthass.

Deshalb müssen wir uns lieben
Und wir müssen die ganze Welt
Mit Liebe infizieren.
Kein Herz darf mehr kalt sein
Oder seinen Wert vergessen.
Jeder von uns ist liebenswert.
Ohne Ausnahme!

Wer sich liebt,
Wird zum Frieden gehen.
Egal, ob bewusst oder unbewusst:
Wer sich liebt,
Zerstört die Macht des Kriegs
Und stärkt den Frieden.

Schlammiges Feld

Ein Kind weint.
Der Fluss der
Welt fließt.

Krater im
Boden. Zeichen
Symbolischer Hoden.

Er profiliert
Sich, indem er
Andere massakriert.

Einsames Leid.
Am Ozean
Des Blutes.

Opfer der
Folter. Füller
Der Gräber.

Nahes Ende.
Unwahrscheinliche Wende.
Nacht der Ohnmacht.

Endstadium

Sehnsüchtig
Nach Liebe
Und Frieden.

Hoffnung,
Dass wir den
Hass besiegen.

Mitfühlend
Das Elend der
Menschen spüren.

Unter der
Erde ruhen
Die Erben.

Es nimmt
Der Krieg,
Was wir lieben.

Zeitenwende

Plätze.
Menschen rennen.
Busse warten.

Freunde.
Misstrauische Blicke.
Verunsichertes Volk.

Busse summen.
Die Bahn brummt.
Warten auf den Sinn.

Vorbei sind
Die goldenen Jahre.
Krise auf Krise.

Angst
Vor Altersarmut
Und Krieg.

Schleife

Nie wieder Krieg
Schrie ich tausendmal,
Aber ob es half?
Nein!

Bomben hageln.
Raketen fliegen.
Gas siecht.

Wie geht Frieden?
Können wir den Krieg
Für immer besiegen?

Nie wieder Krieg,
Indem wir alle lieben
Und lernen zu
Vergeben.

Leicht gesagt.
Schwer getan.
Aber wer kann warten?

Sonntagsblatt

Träumen wir wieder,
Statt nur dem Flimmern
Der Bildschirme zu folgen.
Kommt raus zu mir
Und lasst uns friedlich sein.

Freiheit im Geist.
Blümchenkleid.

Friedlich quatschen
Und nächtelang tanzen.

Sitzen im Café
An der alten Spree.

Der kleine Hund
War kugelrund
Und ihr rosaroter Mund
Verkündet den Weltfrieden,
Ehe wir uns lieben.

Das Paradies auf Erden

Die Jahre des Kummers.
Die Jahrhunderte der Gewalt.
Die Jahrtausende der Unwissenheit.
All das könnten wir Menschen
Ein für alle Mal hinter uns lassen.
Aber dafür müssen wir in
Die neue Zeit springen,
Statt mit alten Idiotien Zeit zu verbringen.

Die heiligen Bücher
Der Fundamentalisten.
Quellen des Terrors.
Das Buch des Kampfes
Der Faschisten.
Ursprung der Konzentrationslager.
Die verlogenen Bücher
Der Kommunisten.
Ursache für sicher
Hundert Millionen Ermordete.

Das Paradies auf Erden
War nie näher und
Es war nie realistischer,
Es zu erschaffen.
Wir müssen nur die Finger
Von den alten Sachen des Hassens lassen.

Sag mir, wo die Blumen sind

Männer zogen in den Krieg,
Von denen nur die Blumen
Auf ihren Gräbern blieben,
Wie das alte Lied erzählt.

Viele Lieder sangen Kehlen
Vom und gegen den Krieg.
Viel ist nicht von ihnen geblieben
Und die Kriege gibt es immer noch.

Welche Wahl hat der Mensch
Ohnmächtig im Angesicht der Gewalt?
Welche Wahl hat die Welt
Der blutroten Flüsse?

Tausend Lieder gesungen
Über Frieden und Vergeben.
Tausend Gebete gesprochen,
Damit die Bomben aufhören.

Allein der Mensch sät Krieg.
Allein der Mensch hat die Macht
Weltweiten Frieden für alle Spezies
Zu realisieren.

Kalte Nächte

Stiller Schnee.
Eiskalte Hand
Am Abzug.

Weit wirkt das Land,
Bedeckt vom Schnee.
Klarer Blick.
Die Finger tun weh.

Immer bereit
Für den Feind.
Denn wer nicht bereit,
Stirbt in Eiseskälte.

Die Gräben lang.
Die Ratten überall.
Bretter und Wind.
Der Rauch der Zigaretten.

Winteroffensiven
Gab es nicht in alten Tagen.
Dort kämpften sie zur
Sommerzeit und schonten
Sich und selbst den Feind,
Wenn es war zu kalt.

Schlachthöfe

Das Schlachten
Der Menschen
Und Tiere.

Der Strom
Des roten
Blutes.

Die Angst
In den Augen
Der Opfer.

Der Schmerz
Im Moment
Des Todes.

Die Mörder
Lachen im
Hassen.

Die Welt zerfällt
Am Hass und sät
Endlose Tränen.

Wir

Wir wollen Frieden,
Aber Kriege eskalieren.

Wir wollen Frieden,
Aber manche wollen Kriege.

Es sind dieselben wie immer,
Sie machen es immer schlimmer.

Faschisten, Kommunisten
Und Fundamentalisten und
Natürlich die weibliche Form.

Wir wollen Frieden,
Aber sie wollen unterdrücken.

Wir wollen Frieden,
Aber sie uns mit Gewalt besiegen.

Wir wollen Frieden
Und sie wollen ihn uns nehmen.

Friedensflieger

Wir ziehen
In den Frieden
Mit Trommeln und
Fanfaren und fliegenden Fahnen.

Wir marschieren
Bis ans Ende der Welt,
Um den Frieden zu finden.
Denn wir glauben an ihn und
Wir vertrauen in das Gute
Der Menschheit.

Wir finden
In den Kindern
Etwas Reines, Heiliges
Und von Vorurteilen Freies.
Wir finden
Auch in den Greisen
Die gereifte Weisheit,
Dass nur Frieden und Harmonie
Uns glücklich machen können.

Wir fliegen und
Marschieren und finden
Den Frieden in den lauen
Sommernächten.

Kopftücher

Zwang.
Zwangsehe.
Kopftücher.
Die UNO rühmt sich
Ein Ort der Menschenrechte zu sein,
Aber weder bekämpft sie
Den Kopftuchzwang, noch stuft sie
Die Zwangsehe als Sklaverei ein.

Frauen unterdrückt.
Mädchen entrechtet
Und billig verkauft.
Das Recht der freien Frau
Immer noch ein ferner Traum.

Sie sollen Soldaten zeugen,
Deshalb tragen sie ihre Ketten
In Form schicker Stoffe.
Denn ihre Kinder sollen marschieren
Und den heiligen Krieg gegen
Alle freien Menschen zum Abschluss bringen.

Verkaufte Frau.
Lebenslanger Sklavenstand
Unter einem Mann,
Der sie so sehr hasst,
Dass er sie systematisch vergewaltigt.
Jeder Sex in einer erzwungenen Ehe
Ist eine Vergewaltigung!

Shoppingtour

Werbung
Prangt an den Wänden
In allen U-Bahnhöfen.

Manchmal geht es
Sogar um Menschenrechte,
Aber meist nur um Produkte.

Welches Produkt
Behält seinen Wert,
Wenn wieder Bomben fallen?

Alles wirkt so stumpf,
Wenn verkannt der Sinn
Echter Werte.

Doch wir kaufen
Und raffen Plunder an
Ohne Pause.

Statt wir nur Dinge
Echten Friedens in
Unseren Einkaufskorb legen.

Bau auf!

Frieden finden
In den Winden
Aller Himmelsrichtungen.

Frieden auf
Vertrauen aufbauen
Und sich vereinen.

Frieden schaffen
Ohne Waffen
Mit wachen Gedanken.

Frieden bilden
In allen Gefilden
Der bewohnten Kontinente.

Frieden kriegen
Und beenden alle Kriege,
Weil die Kinder es verdienen.

Liebeshochzeit

Frieden
Erklingt in den Liedern
Junger Frauen.

Küsse fliegen
Und Herzen siegen
In den Reigen.

Eine wilde Nacht
Zu zweit verbracht
Und geheiratet.

Ein Kind
Unter friedlicher Lind,
Wo der Brunnen entspringt.

Es reift
Wie in alter Zeit,
Glücklich und reich.

Eintracht
Der Friedensmacht
Ist, was Ehe schafft.

Ihr! Du!

Tag um Tag vergeht
Und die meisten
Menschen leben ihr
Einfaches Leben.
Aber das ist Betrug:
Selbstbetrug!

Die großen Helden
Waren einfache Männer.
Die bedeutendsten Heiligen
Waren einfache Frauen.
Aber sie zerstörten den Betrug:
Den Selbstbetrug.

Ihr betrügt euch
Und eure Freunde.
Ihr betrügt euer Spiegelbild
Und tut fromm statt wild.
Ihr glaubt, weil ihr glauben wollt.
Ihr glaubt, weil ihr euch nicht vertraut.

Eurer Glaube: Betrug!
Eure Ansicht: Betrug!
Eure Untätigkeit: Betrug!
Eure Machtlosigkeit: Betrug!
Ihr tragt in euch die Macht
Und verfügt über gigantische Kraft.
Ihr seid Träger:in:nen des Schicksals,
Euch über eure Vergangenheit zu erheben
Und der Welt zu zeigen, wie Frieden siegt.

Blitzkrieg Bob

Blechdosen
Überrollen andere
Blechdosen.

Blitzkrieg Bob
Im Gefecht
Mit Blitzkrieg Heinz.

Verbrannte Erde
Und ermordet
Die geliebten Erben.

Geschwader und
Staffel. Bataillon
Und Legion.

Blitzkrieg Bob
Steckt fest,
Dann macht es Boom
Und er ist weg.

Sterben

Stirbt
Der Krieg,
Siegen wir.

Stirbt
Der Hass,
Werden wir mehr
Haben.

Stirbt
Der Diktator,
Besteht wieder
Hoffnung.

Stirbt
Die Kriegslüge,
Können wir uns
Sicher fühlen.

Stirbt
Die Habgier,
Gibt es nie wieder
Einen Eroberungskrieg.

Stirbt
Die Angst voreinander,
Können wir uns endlich
Umarmen.

Geldgeil

Soziale Ungerechtigkeit
Schürt den Neid
Und ihr entwächst
Der Drang zum Krieg.

Gemeinschaft vereint
Und sie erzeugt den Geist
Einer friedlichen Welt,
Aber wenn die Gier
Den Geist des Volkes gefriert,
Entsteht bald wieder Krieg.

Gier und Neid
Sind Kinder herzloser,
Sozialer Ungerechtigkeit.
Ihre Früchte sind der Krieg und
Der zerstörte soziale Frieden.

Auch die Reichen werden zittern,
Wenn der Kriminalität Gewitter
Ihre Kinder entführt oder
Sie mit Heroin vollpumpt,
Denn auch das sind die Früchte
Der monetären Süchte.

Winteroffensive

Blut färbt den Schnee.
Kälte frisst die Hoffnung.
Ein Leben vergeht.

Ein eisiger Wind spielt.
Kahle Bäume schwingen.
Beerdigt wird ein kleines Kind.

Alte Decken retten.
Der Schimmel klettert.
Raketen zerschmettern.

Auch der Hunger quält.
Ein altes, unbestelltes Feld.
Ein Bauernsoldat fällt.

Das Rot im eisigen Weiß.
Tränen schweigen.
Tod ist des Krieges Preis.

Ein Team

Wider die Nazis
Und wider die Kommunisten
In einem Atemzug.

Was die Rechten Krieg nennen,
Haben die Linken
Revolution getauft.
Zwei Sprachhüllen,
Die weisen auf denselben Brauch.

Wir Demokraten
Wollen Frieden wagen,
Aber Frieden kann nicht werden
Mit Krieg und Revolution
Oder indem wir uns
In Links und Rechts spalten.

Das Volk ist eins.
Lässt es sich teilen,
Dann wird es fallen.

Wir gehören zusammen
Für die Freiheitskämpfe.
Wir sind ein Team,
Darauf wird unser Glück
Immer beruhen.

Ruhelos

Herzenswerte sterben
Im Kugelhagel.
Granaten und Raketen
Sind der Standard.
Dann gibt es noch Gas und Viren
Und tausend andere Dinge,
Um zu töten, von denen wir
Zivilisten noch nie gehört haben.

Sie sagen, es muss,
Aber sie sagen nie,
Wem es wirklich nützt.
Wir sollen nur tun,
Was man uns sagt,
Dann wird alles gut
Ausgehen. Doch die Gräber
Sind voll mit jungen Männern.

Weiber weinen,
Alte und Junge.
Die einen über Söhne,
Die anderen über ihre Ehemänner,
Liebhaber und Gespielen.
Eine Clique aus Herrschenden,
Meist Männer, aber auch manche Frauen,
Gewinnen, egal wie der Krieg ausgeht
Und wir verlieren mehr als das Leben.
Denn, wenn die Kinder sterben,
Dann wird niemand unsere
Geschichten erben und wir werden
Vergessen sein für alle Zeit.

Blöcke

Wille geschehe.
Frieden lebe.
Doch Krieg herrscht
Und sät Verderben.

Der Leichenstapel.
Stolzer Adamsapfel.
Rauchendes Gewehr.
Totes Heer.

Die Welt brennt.
Zu spät erkennt
Das Volk den Fehler
Soldatischer Ehre.

Medaillen
Für die Waisen.
Goldkrüge
Für die Kriegsmütter.

Wer gewinnt,
Wenn alles zerrinnt?
Ein Kalter Krieg
Hat sich aufgeheizt.

Friedenskunst

Trommeln für den Frieden.
Singen damit kleine Kinderherzen
Glücklich schwingen.

Wir können so viel
Für den Frieden tun,
Aber wenn wir uns
Andauernd ausruhen,
Wird der Frieden scheitern
Und Gewalt einschreiten.

Sing und kling friedlich.
Lach und tanz
Den Friedenstanz.
Leb mit Sinn
Und predige den Frieden.
Lass sie alle wissen,
Dass dein Gewissen dich zwingt,
Den Frieden zu leben
Auf allen Wegen der Kunst.

Schrottplatz

Verschrottet die Panzer.
Versenkt alle Kriegsschiffe.
Demoliert die Bomber
Und Überschallraketen.

Dann kommt der Tag,
An dem alle verstehen
Und dann wird es wahr:
Wir leben überall im Frieden.

Was machen wir dann
Mit all den Kriegsgeräten,
Die wir nicht mehr brauchen
Und nie mehr brauchen,
Weil alle Menschen für immer
Verstanden haben, wie dumm
Es ist, gegeneinander zu kämpfen?

Einsicht führte uns
Auf eine höhere Lebenskultur.
Die Relikte der alten Zeit
Enden in Museen, die niemand
Besucht, weil der Krieg keinen
Mehr interessiert.

Weiße Friedenstaube

Mit den Flügeln
Des Friedens fliegen.
Weite Schwingen,
Die harmonisch klingen.

Der Flug des Phönix.
Der Sturz des Königs.
Eine freie Welt ist niemals
Ein Königreich.

Der schwarze Rabe
Mit der mystischen Gabe.
Das Ende der Diktatoren,
Die im Knast schmoren.

Der stolze Adler
Findet die Golfader.
Die Militärjunta fällt.
Ihr Ende befreit die Welt.

Kleine Spatzen
Flüchten vor den Katzen.
Das freie Volk tanzt
Am brodelnden Vulkan.

Neue Zeit

Ferner Traum
Vom Frieden.
Lebendiger Albtraum
Aus Raketen, Bomben
Und Granaten.

Neue Zeit bringt
Neue Waffenarsenale.
Neue Zeit erzeugt
Neue Folter und Qualen.

Keine Zeit war frei
Von Mord und Gewalt.
Aber die neue Zeit schafft
Eine zerstörerische Macht.

Der Traum vom Frieden
Segelt in ferne Gefilde.
Dafür folgen den Kriegen
Hunger, Inflation und Desinformation.

Der Traum ist zerplatzt,
Dass die neue Zeit
Eine bessere wird,
Zu groß ist das Leid.

Chillt mal

Wir wollen keinen Krieg,
Weil wir müde sind.

Wir wollen nicht mehr
Jeden Tag die Nachrichten sehen.
Wir wollen nicht mehr hören,
Wie Armeen marschieren.

Wir sind müde
Von den Waffenetüden.
Wir sind es leid zu sehen,
Wie die Arschlöcher
Unsere Erde zerstören.

Nachrichten und Zeitschriften
Berichten von Getöteten.
Das Internet ist voll von Videos
Der Millionen Geflüchteten.
Wir wollen das nicht mehr.
Wir wollen keinen Krieg.
Wir wollen ihre Armeen nicht.
Wir wollen Frieden und
Wir wollen einfach entspannt leben.

Technische Rezession

In der Schlange an der Kasse.
Lange warten.
Nutze derzeit Bargeld,
Um Geld zu sparen
Wegen der Inflation.
Wie weit geht die Rezession
Und ab wann zerreißt sie unser Volk?

Armut stiehlt den Mut,
Das Vertrauen und den Glauben.
Der Krieg ließ die Bombe platzen
Und seitdem fliegen unsere Moneten
Davon wie Spatzen,
Aber ohne sich dabei zu bewegen,
Sie werden einfach weniger.

Erzeugt Armut den Hass,
Der den Krieg startet?
Erzeugt Hunger den Kummer,
Der so groß ist, dass er nur
Noch sich selbst fühlt und
Alle anderen ausplündern will?

Herzkatheter

Ich tanze im Frieden
Zu den Klängen
Des Sieges.

Ich küss meine Liebe
Und folge dem
Herzenstriebe.

Was geschah,
Ist vorbei
Und Neues wird wahr.

Wir ehren die Opfer der Kriege,
Indem wir neue Liebe
Säen und ihre Namen hochleben
Lassen in unseren Herzen.

Wir feiern und tanzen,
Denn die Waffen ruhen.
Wir scherzen und lachen
Und machen schöne Sachen.

Blut buht Glut

Warten
Auf die Harten,
Die im Garten
Begraben.

Singen
Von goldenen Klängen
In den Winden
Der Gekillten.

Renn
Bis du flennst
Oder kämpf
Bis zum letzten Rest.

Glaube
An den Stau
Und misstraue
Dem Betongrau.

Lager,
Wo alle mager.
Versager
Sind die Kriegsmacher.

Liebe für alle

Die Liebe heilt
Und bringt uns Frieden.

Was macht den Hass,
Der den Krieg erschafft?

Oft war es Angst,
Aus der Hass entstand,
Der die Waffengewalt entfachte?

Kann Liebe heilen
Und uns vereinen?

Was ist Liebe
Und wann ist sie rein?

Wenn Liebe vermischt
Mit sinnlicher Lust,
Dann macht sie schwach,
Denn sie erzeugt Angst.

Aber die Liebe zwischen
Eltern und Kindern und
Die Liebe eines Jungen
Zu seinem Hunde,
Die Liebe, die rein ist
Und wirklich heilt,
Kann uns vereinen.

Einfach Frieden

Einfach nur Frieden;
Wieso wir Menschen
Das nicht hinkriegen?

Einfach mal vergeben,
Statt sich ewig
Aufzulauern und
Nach Rache zu streben.

Einfach nur leben,
Ohne das kranke Mörder
Anderen das Leben nehmen.

Es wäre so einfach.
Es ist so simpel.
Einige machen es kompliziert,
Weil sie sich selbst
Nicht verstehen.

Es wäre so einfach.
Warum es nicht klappt
Den Frieden zu machen,
Ist, weil wir Menschen
Den Drang haben,
Alles komplizierter zu machen.

Die Glücklichen

Neurosen
Geboren aus
Zu vielen Privilegien.
Depressionen
Auserkoren den Patienten
Zum Kreis der Betroffenen zu zählen.

Während die eine Hälfte
Der Welt mit Hunger und Seuchen kämpft
Und sich freuen würde
Über das Luxusleben der anderen.
Kämpft die andere Hälfte
Mit ihren Neurosen und mentalen Problemen,
Anstatt sich einfach zu freuen
Über ihr sicheres, privilegiertes Leben.

Glücklich sein muss man lernen.
Es wird nicht geschenkt.
Zufrieden sein muss man lernen.
Es geschieht nicht einfach so.
Sich aus vollem Herzen freuen muss man lernen.
Es ist eine Kompetenz.

In der Übung der Friedlichkeit
Sammeln wir die innere Kraft,
Um zu spüren, wie glücklich es ist,
Als Mensch geboren zu sein,
Der den Frieden will.

Himmlischer Frieden

Ein Mann
Hat sich den Panzern entgegengestellt.
Damals hatten wir die Chance
Die Kommunisten für immer zu besiegen,
Aber wir waren halbherzig.
Heute sind sie zurück und bedrohen
Die ganze Welt mit Krieg.

Sie nennen es Revolution,
Als ob es etwas Gutes wäre,
Aber das ist blanker Hohn
Für die vielen Opfer.

Immer ist und war und
Wird das Wort Revolution
Ein Synonym für Krieg sein
Und bleiben, solange wir Menschen
Die Millionen Opfer nicht vergessen.

Fauler Schweiß

Wer nicht wagt,
Hat schon verloren.
Aber wer wagt,
Kann harte Zeiten
Heraufbeschwören.

Ob du etwas tust
Oder dich ausruhst,
Die Kriegshetzer
Werden hetzen,
Den Hass säen und
Die Menschen anstacheln,
Zu misstrauen und zu hassen.

Genieße die Ruhe
In gemütlichen Stunden
Und dann wirst du erwachen
In einem Zeitalter der Kriege.
Aber wenn du fleißig bist,
Kannst du womöglich
Den Weltfrieden erleben.

Entweder oder

In dem Spiel
Um Krieg und Frieden
Können wir alles gewinnen
Oder alles verlieren.

Während wir im Frieden
Glücklich sein werden,
Wird im Krieg alles verderben
Und wir werden schreien
Vor Kummer und Leid.

Was Frieden ist,
Weiß jedes Kind,
Aber den Krieg
Will niemand sehen.

Wenn beide tanzen,
Dann lasst uns Frieden machen.
Denn, wenn Frieden führt,
Die Welt erblüht.

Uralte Narben

Seit Jahrhunderten fallen wir
Immer wieder übereinander her.
Fast wöchentlich finden sie hier
Bomben aus dem letzten Krieg,
Der fast ein Jahrhundert her ist.

Aber die Narben der Kriege
Gehen tiefer als das zerbombte
Und zerstörte Land.
Es ist unsere Kultur, die von den Kriegen
Verwüstet wurde und bis heute
Davon gezeichnet ist.

Der Krieg ist ein furchtbares Gespenst
Und erschreckt die Menschen
Noch lange, nachdem er beendet ist.

Tiefe Narben. Alte Flüche.
Vererbter Kummer. Traditionelle Zwänge.
Zersplitterte Klassen und Kasten
Und der Glaube, dass es immer so war
Und nie ein freier Geist im
Menschenreich lebte.

Kriegsgeruch

Der Krieg zieht
Zurück in unsere Leben.
Noch ist er nicht hier,
Aber neue Batterien
Und Artillerie wird installiert.

Der Krieg ruft deinen Namen.
Wie lange kannst
Du ihm noch entkommen?

Die Hunde des Krieges
Haben sich an deine Fersen
Geheftet. Sie haben deine Spur
aufgenommen und folgen dir
Schritt für Schritt.

Der Krieg ist zurück,
Aber eigentlich war er nie weg.
Er hat sich nur woanders ausgetobt,
Ehe er uns wieder besucht.
Gäbe es nur einen Weg,
Die Tür vor ihm zu verschließen!?!

Verrückte Invasion

Lange Jahre
Voller Leichen.

Tiefe Gräben
In den Herzen.

Gift an den
Verhandlungstischen.

Schlangen vor
Den Friedhöfen.

Gefängnisinsassen
Werden Soldaten.

Meuchelmorde
Und Vergewaltigungen.

Endlose Nächte
An den Krankenbetten.

Regen in der Nacht

Regen prasselt nieder.
Nächte verwandeln sich in Flüsse
Und in den kältesten Stunden
Der Nacht massiert Eisregen
Die grauen Straßen.

An der Front ist es ruhig.
Kilometerweit ziehen sich
Die Schützengräben der Armee
Und zeichnen das Land.

Ein kleiner Herd wärmt,
Während der Regen auf eine Plane
Trommelt wie die Mörser
Am frühen Morgen.

Nur die Nacht schenkt
Ein paar Stunden Ruhe.
Denn solange der Feind
Nicht genug autonome
Waffensysteme hat,
Muss auch er schlafen.

Dunkle Schatten am Fenster

Finde den Fehler im System,
Der Krieg, Armut und Korruption
Produziert und du wirst
Die Felder blühen sehen.

Irgendjemand profitiert
Von diesem brutalen Krieg,
Auch wenn es nur im Geheimen passiert,
Sie verdienen Geld mit dem Krieg.

Lasst uns Spürhunde werden
Und ihnen alles Geld nehmen,
Selbst wenn es ihre Erben
In die Taschen stecken.

Wenn keiner mehr davon profitiert,
Dass wir uns bekriegen,
Dann wird der Frieden
Ganz natürlich einziehen.

Glaube nicht, die Massen
Wollen Krieg. Sie sind nur verführt
Und betrogen worden mit Fake News
Von den wahren Kriegstreibern.

Alarm!

Neustart!
Alarm! Alarm!
Wir haben es wirklich
Im großen Stil vermasselt.

Die Alarmglocke schrillt.
Die täglichen Berichte
In den Online-Zeitungen
Treiben Schweißperlen
Auf unsere seelische Stirn.

Alarm! Alarm!
Die Welt überhitzt.
Kriege breiten sich aus
Und Seuchen kriechen
In jedes Haus.

Alarm! Alarm!
Die Sirenen schrillen
Und bringen unsere Nerven
Gestört zum Schwingen.
Die Probleme der Welt säen
Psychosen, Neurosen und Depressionen.

Alarm! ALARM!
Drück den Knopf,
Um das System neu
Zu starten.

träumen

Wir dürfen träumen,
Denn unsere Herzen
Sind frei.

Wir müssen sogar träumen,
Damit wir in dieser Zeit
Nicht verrückt werden.

Wovon träumen wir
In diesen Tagen, in denen Krieg
Und Klimawandel uns tragen?

Wir alle träumen,
Von den Tagen, an denen es ruhig
Und sicher ist.

Wir träumen
Von Ausflügen, ohne
An die Inflation zu denken.

Wir träumen davon,
Nie wieder gegeneinander
Zu kämpfen.

Wege des Friedens

Frieden möge dir folgen
Auf all deinen Wegen.
Frieden möge der Grund sein
All deiner Schritte.

Wage zu gehen
Auf friedlichen Wegen
Und lerne, das Leben
Neu anzunehmen.

Wunder warten
In Flüssen und im Garten.
Das Spiel des Schmetterlings,
Der die Sonne mit sich bringt.

Lebe in vollen Zügen,
Lass Frieden sprießen.
Lebe mit dem Genuss
Meines friedlichen Kusses.

Dein Leben ist ein Segen
Der friedlichen Natur,
Die Harmonie und Ruhe
Über uns rieseln lässt.

Umweltkatastrophen

Dunkel werden die Tage.
Lang die Nächte.
Aber es ist nicht die Kälte
Des Winters, die uns erfrieren lässt,
Sondern die Bomben, das Gas
Und die Raketen, die eine Schneise
Blutiger Leichen in die Reihen
Unserer Mitmenschen reißen.

Der Nebel zieht übers Land
Und die Laternen fallen aus,
Aber es ist nicht das, was uns stört,
Was wir jetzt nicht mehr sehen,
Sondern die Gewalt, die wir erleben
Und wie sehr es den Kriegsherren
An Mitgefühl fehlt.

Schneeregen fällt und zerschellt
Auf dem gefrorenen Asphalt,
Aber uns stört nicht, was von oben
Aus den Wolken auf unsere Köpfe fällt,
Sondern uns stört die Unfähigkeit jener,
Die in den höchsten Ämtern sitzen,
Miteinander zu reden, um die Konflikte
Friedlich zu lösen.

Kinder

Find im Kind
Den Sinn für Frieden.

Erinner dich
An dein Babygesicht.

Klettergerüst
Und Omas Kirschen.

Genieß das
Kinderparadies.

Nichts soll quälen
Ihre Seelen.

Alles soll stimmen,
Damit sie singen.

Erkenne dich
In jedem Erdenkind.

Gnadenlos

Das Leben zerrinnt
Bei manchen, ehe
Es richtig beginnt.

Da war dieses Theater
Und vor diesem Theater
Hatten sie das Wort Kinder
Geschrieben, damit der Feind
Nicht aus Versehen Unschuldige tötet.

Der Feind kannte keine Gnade.
Er nutzte seine Kriegsware
Und entfachte ein Inferno.

Tote, kleine Kinderseelen,
Die nie wieder lachen
Oder mit Spielsachen Spaß haben.

Der Feind kannte keine Gnade.
Es sah nur den Sieg über
Das eroberte Land.

Kleine Kinder starben.
Manche von Geröll erschlagen.
Manche erstickt. Manche verbrannt.
Was macht dieses Wissen mit dir?
Wie wirst du dein Leben weiterleben?

Ich liebe dich

Wir alle wünschen
Uns, geliebt zu werden.
Fehlt den Kriegsherren
Dieses Gefühl und sind sie
Deshalb ständig wütend?

Wir wollen gesehen werden.
Wir wollen ernst genommen werden.
Wir wollen geliebt werden.

Wir brauchen dieses Gefühl,
Um solide in uns reinzufühlen.
Ist da niemand, der uns liebt,
Werden wir unsicher.

Ist es Liebe, was den
Kriegstreibern fehlt?

Olé

Frieden
Auf allen Wegen
Frieden
Hinter allen Türen
Frieden
Kann triumphieren
Und wir den Krieg
Für immer besiegen

Die Macht der Liebe
Heilt den Hass und sie hat
Die Macht, Krieger überflüssig
Zu machen.

Die Wahrheit unserer
Gemeinsamkeit und das Licht
Unserer Gemeinschaft
Sind unendlich stark.

Leben wir mit der Wahrheit
Unseres Herzens und folgen wir
Dem Ruf der Freiheit.

Alles

Alles ist uns gegeben
Und wir schmeißen es weg
Für Konsumentendreck.

Mit den Mitteln,
Die wir haben,
Können wir weltweit
Frieden vermitteln.

Aber wir verschenken
Die Chancen, statt nachzudenken,
Wie wir unsere Welt retten.

Wir haben alles,
Was wir brauchen,
Aber nur wenn wir es
Richtig gebrauchen.

Chance über Chance.
Alle notwendigen Ressourcen.
Mittel und Methoden.
Alles ist da.
Wann machen wir
Den Weltfrieden wahr?

Krisenfeste Geldeinnahmen

Das Wir gewinnt
In der Demokratie.
Aber was passiert,
Wenn die Korruption
Ungebremst um Herrschaft ringt?

Politiker sind auch nur Menschen
Und in vielen Politikerhemden
Stecken gierigen Seelen,
Die selbst ihre Mütter verkaufen würden
Für ein volles Portemonnaie.

Es ist nicht so,
Dass die Kompetentesten
Zu unseren Anführer werden.
Das ist nicht so
Und war nicht so,
Seitdem es Geschichtsschreiber gibt.

Aber dass sich Politiker
Gern schmieren lassen
Und dankbar sind für kleine Sachen,
Die plötzlich ihre werden
Und ihre Meinung verfärben,
Das begreift jedes Kind,
Sobald es zu denken beginnt.

Blutige Revolutionen

Revolutionen
Von Kommunisten
Und Islamisten und
Die Welt muss zittern,
Denn niemand ist sicher
Vor diesem Ungewitter.

Was ist eine Revolution
Anderes als ein Krieg?
Was macht eine Revolution
Anderes als ihre Kinder
Zu fressen?

Was macht die Revolution anderes,
Als die menschliche Union
Mit Blut zu beschmutzen?

Freiheit ist das Ziel,
Aber jede Revolution
Der letzten Jahrhunderte
Hat die Freiheit erstickt.

Ich

Ich suche den Frieden
Und ich sehne mich
Nach ihm.

Ich träume vom Frieden
Und wünschte, dass er
Ewig bleibt.

Ich bin ein Traumtänzer
In einer kalten Welt,
In der mir nur das Träumen bleibt.

Ich lebe in einer
Parallelwelt, in der Frieden lebt
Und sterbe, wenn ich zurückmuss.

Ich will hoffen
Auf die bessere Welt und rufe
Alle, die wie ich sind.

Ich bin der Beweis,
Dass wir Frieden wollen.
Ich bin der Fels in der Friedensbrandung.

Singende Schmetterlinge

Friedlich
Und lieblich.

Das Glück
Ist zurück.

Zwei Herzen
Und eine Kerze.

Das Leben
Voll annehmen.

Lippen finden
Sich unter Eichenrinden.

Nur im Frieden
Können wir lieben.

Die Einigkeit
Herzen vereint.

Krim

Mütter weinen,
Aber die Herrscher schweigen.
Sie wollen billige Soldaten,
Die sich opfern für ihre
Habgierigen Taten.

Gier treibt
Das hohe Tier
Und das Herz der Mutter erfriert
Am Grab ihres Liebsten.

Die Welt sieht zu
Beim Rendezvous von
Mensch und Bomben.

Nur das Mutterherz
Trägt den Schmerz,
Der für die Welt zu schnell vergessen.

Der Rubel rollt
Mit blutigem Zoll.
Heute wie vor hundert Jahren
Kämpfen die Tataren
Um Freiheit und Recht.
Wie lange sieht die Welt noch weg?

Menschenherde

Nie mehr Krieg
Und nur noch Frieden
Träumen die Witwen
Und Mütter der Soldaten
An den frischen Gräbern.

Viele träumen,
Wenige lassen ihren Träumen
Taten folgen und so bleibt
Der Krieg Teil unseres Lebens.

Die Venen der Menschheit.
Kleine Blutgefäße. Organe
Und ein Gehirn.

Wir sind ein riesiger,
Kollektiver Organismus.

Blutet eine:r von uns,
Blutet die ganze Menschheit.

Eine:r für alle.
Alle für eine:n.
Frieden ist das Bindeglied.

Inferno

Wie sie vielen
Die Leben nehmen
Mit ihren Waffen
Und Maschinen.

Wie sie ausbeuten
Und feige meucheln,
Um fremdes Gut
Zu erbeuten.

Wie sie zerstören
Und ermorden
Und mit ihrer Horde
Alle empören.

Kahl wird das Land
Von ihrem Hass.
Schnell sinkt der Mut
Bei ihrem Tun.

Alles ist verloren,
Wenn sie es erobern.
Aber es fehlt die Macht,
Um sie zu stoppen.

Techno

Drohnen und Deepfakes
Sind das neue Level
Der Kriegstechnologie.

Kleine Roboter
Mit schweren Geschützen
Werden immer flotter
Und jagen ihre Opfer.

Die ersten Computerchips
Werden ins Gehirn manipuliert.
Bald steuert dich der Grips
Einer fremden Machtfantasie.

AI kontrolliert und
Regierungen sind fasziniert
Von den Möglichkeiten
Der AI-Technologien.

Neue Arsenale werden
Neue Kriegsherren erschaffen.
Bringen die neuen Kriege mit
Neuen Waffen mehr Opfer als je zuvor
Und bauen sie die Brücken
Für die Techno-Diktatur?

Seltenheitswert

Friedenskämpfer
Kämpfen zuerst in
Ihren eigenen Herzen.

Wer in sich
Alles besiegt,
Das eine Ursache für Krieg ist,
Wird rausgehen in die Welt
Und mit jedem Schritt
Frieden säen.

Wer zu einer Blume
Des Friedens wird,
Wird Freude bringen und
Er wird erleben, wie die Menschen
Die Hoffnung in ihren Herzen
Wiederbeleben.

Deshalb fang an,
Für den Frieden zu kämpfen
Und werde einer jener seltenen
Menschen, die in ihren Herzen
Aufgehört haben zu kämpfen.

Kern und Schale

Hart ist mein Herz.
Es wurde hart
Vom Schmerz.

Feucht ist mein Auge.
Gebrochenes Vertrauen
Brachte Grauen.

Mein Blick schweift
Über die ganze Welt
Und sieht all die Gewalt.

Hier ist der Westen,
Sagen die Medien.
Selbst hier gibt es Ungerechtigkeiten.

Hier ist der Norden,
Sagt mein Herz, doch ich weiß
Um die dummen braunen Horden.

Hart ist mein Herz.
Denn das ist seine Schale.
Weich ist sein Kern;
Voll reiner Liebe.

Der wahre Grund

Sind es Typen
Wie Hitler, Putin und Trump
Die immer alles ruinieren
Oder ist die große Masse Schuld,
Die ihre Zeit im Gym verbringt
Und Serien bingt?

Wir wissen alle,
Dass es letztere sind.
Weil die Masse untätig ist,
Bekommen diese Hitlers,
Putins und Trumps
Erst ihre Chance.

Fällt alles
Wieder einmal zusammen,
Weil zu viele gammeln?
Wie kannst
Du Zweifel haben
An diesem Wahren?

Gemeinsamkeiten schaffen Frieden

Die Gräber sind der einzige Ort der Welt,
An dem alle von uns gleich werden.

Überall in der Welt gibt es
Weniger und mehr, oben und unten.

Diese Erfindung bestimmt unser Leben.
Sie kann alles geben oder nehmen.

Das Gesetz der Hierarchie
Führte in endlose Kriege.

Die Macht, die Ohnmacht macht,
Hat Hierarchie erschaffen.

Aber dein Wesen
Ist unbemessen.

Die Wahrheit des Seins
Ist unumstößliche Gleichheit.

Rosenblätter

Niemals wollen wir Menschen
Jemals wieder jemand anderem dienen
Als dem Willen des freien Volkes.

Wider die Priester.
Wider die Herren.
Wider die Führer.

Frei sei das Volk.
Freiheit sei
Des Volkes Heil.
Befreit wird das Volk
Glücklich sein.

Freiheit kennt keine Könige,
Scheiche, Rajas oder Päpste.
Denn diese sind die größten Feinde
Aller freien Menschen und wir dürfen
Nicht ruhen und müssen
Sie mit allem, was wir haben, bekämpfen.

Denn die zarte Blume
Des Friedens blüht nur
Wunderschön im Freien.

Wellen

Frieden in mir
Und Frieden in dir
Und zwischen uns
Wird Frieden sein.

Das Innen und das Außen
Tanzen immerzu.
Sie drehen dich
Und drehen mich und
Vergessen sich und
Verlieren den Sinn
Von Innen und Außen.

So küssen sich
Dein Innerstes
Und die Welt des Friedens
Beim wilden Springen
Und Toben in Hüpfburgen.

Kinder des Friedens

Die Wahrheit ist,
Wir Kinder des Friedens
Waren zu faul,
Deshalb haben die Kriegshetzer
Immer wieder gewonnen.

Wann lernen wir,
Dass Frieden das Produkt
Harter Arbeit ist und
Spucken uns in die Hände
Und tun, was nötig ist?

Wir sind die Kinder des Friedens
Und wir können siegen.
Aber jeder Sieg hat einen Preis
Und meist heißt er Fleiß.

Also steh auf und predige
Den Frieden, schreibe über
Den Frieden, singe Lieder
Des Friedens, mache Filme über
Den Frieden, lehre die Kinder den Wert
Des Friedens zu sehen
Und nach ihm zu leben.

Wir in Harmonie

Lernen wir uns zu vertrauen
Und zwar mit ganzem Herzen.
Denn auf Vertrauen können wir
Eine bessere Welt aufbauen.

Der Schmutz in den Straßen
War einst wunderschön.
Die Angewohnheit zu hassen
Ist aus verletzter Liebe geboren.

Wandel kann gelingen
Und mit ihm der Frieden kommen.
Wir können uns finden
Und die Einheit zurückbekommen.

Finde dich selbst
In der Schönheit der Welt.
Weil es dir gefällt,
Wirst du zum Alltagsheld.

Wir brauchen uns,
Damit es funktioniert.
Es ist mein großer Wunsch
Harmonisch zu klingen
Und ich träume davon,
Dich kennenzulernen.

Auf dich wartet die Welt

Finde den Frieden
In deinem Herzen
Und dann geh raus
Und schenk ihn der Welt.

Lass deine Gedanken
Frieden sein.
Lass dich auf die
Innere Harmonie ein.

Sei innerlich
Das Licht der Welt.
Lebe äußerlich
Wie ein Friedenskind.

Du kannst die
Antwort sein,
Für alle, die echten
Frieden suchen.

Du bist die Hoffnung
Der ganzen Welt,
Sobald in dir vollkommener
Frieden ist.

Ein ewiger Moment

Am Ende bleibt
Ein letzter Funke
Deines Bewusstseins im Leib.
Für einen Moment blickt er zurück.
Willst du einer jener gewesen sein,
Die zuhause gemütlich entspannten,
Während die Erde verbrannte und
Kriegsherren unschuldige Völker schändeten.

Dieser kleine Funke
Wird die höchste Blüte
Deines Lebens sein, zu der alle
Deine Taten und Gedanken hintreiben.

In diesem Moment
Wird die Zeit kulminieren
Und sich zu einem Gefühl der Ewigkeit
Ausdehnen, der dir länger vorkommen wird
Als dein restliches Leben.

Willst du im letzten Funken deines Daseins
Bereuend auf ein faules, sinnloses Leben
Zurückblicken oder willst du freudig strahlen,
Weil du einer von den Wahren warst,
Die sich für die Unschuldigen einsetzten?

Hinter den Linien

Panzer im Matsch.
Müde Augen der Soldaten.
Den Schädel erbarmungslos
Gegen die Wand geklatscht.

Zivilisten hinter der Front
Auf Seiten der neuen Eroberer
Zittern unterm Horizont
Artillerie gestützter Gegenschläge.

Lange Stäbe, um zu schlagen.
Rohre modifiziert als Elektroschocker.
Die Macht der Eroberer
Wird zu einer quälenden Plage.

Stumpf schreit das Weib.
Die Hand hält ihren Mund
Und drückt gnadenlos,
Während der Schwanz unterm Kleid.

Erobert und ausgeliefert.
Die kalten Scharen fremder Soldaten
Rauben, plündern, schlagen
Und vergewaltigen ungefiltert
Alles und jeden, der ihnen nicht passt.

Sieben Ideen

Eine Theorie des Friedens
Ist besser als jede Utopie.

Wenn wir es gut planen,
Können wir es wahr machen.

Halten wir uns die Hände
Und führen zur Wende.

Diese Welt will Frieden,
Denn sie will nicht verlieren.

Wir haben eine Idee
Für den Friedensweg.

Fühle unsere Strategie
Für völlige Harmonie
In den Herzen des Friedens.

Farben des Krieges

Eine weiße Fahne
Getränkt in rotes Blut.

Die blauen Augen
Tot auf weißem Winterfeld.

Der goldene Weizen
Verbrannt im schwarzen Hunger.

Bunte Fahnen
Mit hasserfüllten Symbolen.

Der orange Sonnenschein
Am blauen Abendhimmel.

Ein gelber Funke Hoffnung,
Dass der Flecktarn hilft.

Graue Mauern in den Lagern.
Brauner Sand umrahmt
Die Schützengräben.

Der Tag des Sieges

Hilf der Welt,
Frieden zu finden.
Es wird auch
Dein Gewinn sein.

Reich die Hand
Dem alten Feind
Und lass dich auf
Die Versöhnung ein.

Nur ein Ende des Krieges
Ist eine echte Wende
Und trägt den Samen
Einer besseren Welt in sich.

Also sei bereit
Und beende den Streit
Mit Vernunft und
Gesundem Menschenverstand.

Denn wenn die Kriege
Endlich enden,
Können wir tanzen
Und für immer lachen.

Rotes Mauerwerk

Traurig sind die Augen,
Die noch schauen.
Doch das wahre Grauen
Hat die meisten dahingerafft.

Am Himmel das Dröhnen
Der Rotoren der Donnermaschinen
Und das stille Sausen
Der tödlichen Drohnen.

Ein kleines Feuer
Im zerbombten Keller.
Ein stummes Lied
Auf den überlebten Lippen.

Die Angst ist ein Gewand
Mit gigantischer Kraft.
Sie frisst sich tief in die Seelen
Aller Leben.

Ein kleines Lächeln
Beim Betten der Kinder,
Gehüllt in ihre Decken,
Wenn sie endlich einschlafen.

Allein bleiben die Alten
Mit tausend Fragen,
Wie alles in ein paar Jahren
Zusammenbrechen konnte.

Erdkrieg

Die Welt führt Krieg
Gegen sich selbst.

Wir verschmutzen die Luft
Und unsere Lungen kollabieren.
Selbst kleine Kinder sterben
An dem dreckigen Dunst.

Die Menschheit zerstört
Die Welt, in der sie lebt.

Wüsten wachsen und
Der Meeresspiegel steigt
Und beides zerstört
Das Menschenreich.

Unsere Kultur ist suizidal
Und unsere Medien
Machen die Welt für uns unsichtbar,
Während sie unter unseren Füßen stirbt.

Krieg gegen die Welt
Für ein bisschen mehr Geld.

Kriegsgeruch

Kinderträume platzen
Unter den Ketten der Panzer.

Eheglück zerstört
Unterm Terror.

Selbst Altenheime gehen kaputt
Nach dem Drohnenangriff.

Kein Stein steht mehr
Auf dem alten.
Es ist alles sehr
Tragisch und schlimm.

Die Leichen kleiner Kinder
Geborgen im zerbombten Keller.

Der Mann an der Front
Ohne Hoffnung.

Die Alten, die an den Gräbern
Ihrer Sprösslinge weinen.

Bildet keine Banden

Tote Babys an Stränden,
Die mit ihren Eltern
Vor den Kämpfen flohen.

Banden terrorisieren
Ganzen Regionen.
Sie sind keine echten Armeen
Und halten sich noch
Weniger an Regeln.

Sie säen Gewalt
Und vergewaltigen.
Sie rekrutieren ihre Mitglieder
Aus den Familien, wenn sie noch
Ganz klein sind, ähnlich wie
Die Kindersoldaten.

Bandenkriege zerstören
Den sozialen Frieden.
Sie rauben dem Land
Seine Chance, wirtschaftlich
Zu florieren.

Der Sinn des Friedens

Nur für den Frieden leben,
Heißt, ein sinnvolles Leben zu leben.

Sinnlos zu leben,
Führt zu einem Verlust
An Lebensqualität.

Menschen brauchen Sinn,
Um inneres Glück
Zu gewinnen.

Menschen brauchen eine Aufgabe,
Damit der Pfad bis zum Grabe
Sich gut anfühlt.

Dem Frieden dienen,
Heißt, sich selbst zu spüren.
Denn, wenn wir wirklich etwas tun,
Das sinnvoll ist, erleben wir
Unsere Selbstwirksamkeit und befreien
Unseren Geist von quälender Leerheit.

Unverschämte Propaganda

Bezahlt dieses Land
Alte Schuld? Nein!
Es bezahlt jeden Scheiß
Auf der Welt, aber nicht die Schuld,
Die die Ehre wieder nach Hause bringt.

Was erwarten wir von einer Partei,
Die ein ehemaliges Mitglied der Nazis
Zum Bundeskanzler machte? Versteht mich richtig,
miese Mörder und Menschenhasser
Gab es damals in jedem Land,
Aber es war die intellektuelle Verwaltungselite,
Die den Holocaust und den Zweiten Weltkrieg
So groß und unbarmherzig machten.
Was können wir von einer Partei erwarten,
Die einen dieser intellektuellen Nazis
Zum Bundeskanzler machte?

Ich sehe, wie viel sie sich für Werbung
Und Propaganda extra genehmigen
Von unseren Steuergeldern.
Es sind sechshundert Millionen,
Während alle Parteien offiziell
Nur knapp zwanzig Millionen kriegen.
Müßig zu sagen, dass das Wort Propaganda
Eine kranke Erfindung der Katholiken
Aus dem ersten interkontinentalen Krieg Europas ist.

147

Die Wahrheit des Todes

Dem Tod ins Gesicht geblickt
Und alles verändert sich.

So verändern Kriege die Welt,
Denn plötzlich erkennen wir,
Was wirklich zählte.

Oberflächlichem Hedonismus
Gaben wir uns hin und
Ließen das wirklich Wichtige verstreichen.

Die Wahrheit des Todes
Öffnet die Tore der Erkenntnis.

Wir erleben uns neu
Und wir werden bereuen,
Wenn wir unseren Liebsten
Nicht genug Zeit schenkten.

Wir begreifen, dass wir kämpfen
Müssen für die Menschen,
Die uns etwas bedeuten.

Blockbildung 2.0

Die Weltmächte
Bilden Blöcke.
Mit ihren Kräften
Rammen sie Stöcke
In Gebiete und beanspruchen
Diese als ihre.

Territoriale Kriege
Glaubte man, seien vorbei.
Aber diese Intrige
War nur ein faules Ei.

Mächtige gieren
Nach wie vor nach Ruhm
Und jener Art Siege,
Die sie in die Geschichtsbücher bringt.

Blöcke schröpfen
Die Kleineren und drohen,
Sie zwischen sich aufzureiben,
Wenn sie sich nicht für eine Seite
Entscheiden.

Kinderbräute und Burkas

Kinderbräute
Und Kopftücher.
Menschenrechte
Zählen mehr bei Männern.

Seit tausenden Jahren
Werden Mädchen entführt
Und zu Bräuten gemacht.
Seit tausenden Jahren
Werden Mädchen gekauft
Und in die Zwangsehe gepresst.

Es ist ein Krieg
Gegen die Weiblichkeit.
Es ist ein Zustand
Zweifelsfreier Sklaverei.

Während Arbeitssklaven
Ihre Nächte frei von
Ihren Meistern bleiben,
Muss die Sklavin in der Zwangsehe
Jede Nacht mit dem Sklavenhalter schlafen.

Ein Krieg gegen die freie Weiblichkeit
Ist ein Krieg gegen die freie Menschheit.

Wenn Mensch sich bekämpft

Menschen kämpfen
Und Kinder weinen.

Mütter brechen zusammen
Und verkrampfen, wenn
Sie ihre Söhne begraben.

Der Krieg macht nie Sinn,
Er nimmt nur alles,
Was glücklich ist und
Gibt ihm ein grässliches Antlitz.

Weil Menschen
Sich bekämpfen,
Müssen alle zittern.

Wie eine Seuche breitet sich die Idee
Des Kriegs aus und erfasst jedes Haus.
Alle wollen plötzlich kämpfen und
Niemand denkt mehr an die Konsequenzen.
So stirbt eine weitere Generation
Und erntet den Lohn der Kriegslügen.
So verstreicht ein weiteres Jahr
Im Wahn der Kriegsmaschinerie.
So vergeht das unschuldige Leben
Und wird nimmermehr gesehen.

Kollaps

Ein kleiner Ball
Fliegt durchs Weltall.

Seine Kinder spielen
Mit ungezügelten Trieben.

Vergewaltigen und schlagen
Sich selbst an den sonnigen Tagen.

Ihr blinder Hass hat
Alles kaputtgemacht.

Unser Erdball
Steht vor einem tiefen Fall.

Kinder im Krieg

Der Menschen Kummer
Ist ein reißender Fluss.
Der Menschen Sorgen
Ein Meer im hohen Norden.
Der Menschen Qual
Ein blutender Ozean.

Wenn ein Kind
Vor seinen Eltern stirbt,
Steht die Welt Kopf.
Wir alle hoffen,
Dass das nie passiert,
Aber gucken wir auf die Kriege,
Sehen wir, wie viele Kinder
Umgebracht werden.

Wir schließen die Augen.
Wir halten die Ohren zu.
Aber das Grauen
Können wir nicht abschalten.

Junge Mütter
Sitzen im Park.
Unschuldig lacht das Kind.
Es vertraut, weil es sicher ist,
Wir beschützen es. Nur, was
Können wir tun?

greller Schrei

Für Ruhm und Geld
Zerstören sie die Welt.

Ob mit Bomben oder Pestiziden,
Manche würden alles probieren,
Um reich zu werden.

Wenn der Plantet zerstört
Ist, hört ihr dann auf
Oder seid ihr nur empört,
Dass es dann nichts mehr
Zum Raffen gibt?

Für ein Stück vom Kuchen
Würden sie alles tun und
Wenn die Welt dabei zerbricht,
Juckt es sie nicht.
Wenn Kinder weinen,
Weil sie für billige Kleider
Täglich leiden, dann werden jene Reichen
Sich die Hände reiben,
Weil ihre Gier befriedigt wird.
All das endet wie immer
In einem großen Knall
Und dem Zerfall des Schützenswerten.

Unten im Führerbunker

Schwer wiegt das Heer
Und das Meer der Leichen.

Die Fahrkarten des ganzen Landes
Führen an die Front ohne Gnade.

Mit Volldampf geht's in den Kampf
Um ein verkrampftes Vaterland.

Die Mär von der Ehr
Geistert entwertend durch die Köpfe.

Fern in Bunkern ducken
Sich die Befehlshaber unter.

Der einfache Soldat kann
Nur abwarten bis zum Grab.

Ein kleines Licht verspricht das Weltgericht,
Zumindest hypothetisch.

Kluge Entscheidungen

Strahlende Kinderaugen,
Die uns Erwachsenen vertrauen,
Dass wir die richtigen Entscheidungen
Treffen und die Welt retten.

Der Krieg ist das Ergebnis
Des Versagens der Erwachsenen.
Wären sie klüger, fleißiger und mutiger
Gewesen, müssten wir nicht in einem
Neuen Zeitalter der Blöcke leben.

Alt zu sein, ist kein Beweis
Für Klugheit oder Barmherzigkeit.
Alt zu sein, heißt, einfach nur
Mehr Zeit als andere
Erlebt zu haben.

Wir wünschen uns, dass Klugheit
Einfach so in uns erscheint,
Aber sie ist wie ein Muskel
Und du musst ihn pausenlos trainieren,
Wenn du damit Gutes tun willst.

Ein Ort

Dort wo Liebe blüht,
Wird Frieden folgen.

Dort wo Vergeben lebt,
Wächst Harmonie.

Das Gute ist die Quelle
Des Guten und wenn wir heute
Wieder weltweit die Kanonen hören,
Dann weil du und ich nicht
Genug Gutes gesät haben.

Dort wo Vertrauen baut,
Entsteht der Lebensbaum.

Dort wo du glücklich bist,
Bleibe, wie du bist.

Wider

Wut über
Den Betrug der Politik,
Die uns immer wieder
In Kriege schickt,
In denen wir für die Mächtigen kämpfen,
Während sie in fetten Limousinen,
Durch die Gegend kutschiert werden.

Kopfschütteln,
Weil wir Menschen
Immer noch gegeneinander kämpfen,
Weil es die Herrscher sagen,
Die Selbst nie im Morast
Die Kämpfe austragen.

Unser Hass gilt dem Feind,
Aber das ist falsch.
Wir sollten die Herrscher bekämpfen,
Die uns zwingen gegeneinander
Zu kämpfen.
Denn wir wollen freie Menschen
Werden und bleiben und nicht
In ihren Kriegen sterben.

Himmelsstürmer

Drohnen fliegen
Und die Menschen fliehen.
Wenn sie am Himmel schwirren,
Werden die Gefühle erfrieren.

Diese neuen Waffen
Haben das Schlachtfeld
Neu erschaffen.

Jeder kann
Jetzt fliegen
Und die Feinde bombardieren.

Sie sind billig.
Sie sind leicht.
Ein guter Akku reicht weit.

Ein kleiner Sprengsatz
Und schon wagt
Wieder ein kranker Terrorist
Einen herzlosen Anschlag.

Namenlose

Kinder träumen
Und ihre Eltern heulen
Wegen einer Welt,
Die wieder mal zerfällt.

Greise weinen und
Jugendliche feiern,
Aber sie leben
In geteilten Welten.

Menschen werden
Und Tiere sterben;
Rechtfertigt des einen Glück,
Dass ein anderes sterben muss?

Die dritte Welt fällt,
Die erste Welt erblüht.
Die eine baut
Auf die andere auf.

Wir sind eine Erde
Und unser gemeinsames Erbe
Wird entscheiden,
Wohin wir alle treiben.

Sinne

Augen schauen
Entsetzliches Grauen.

Ohren hören
Das Geschrei der Getöteten.

Der Mund schmeckt
Den blutroten Dreck.

Die Nase riecht,
Wie die Menschheit siecht.

Dein Körper fühlt,
Wie alles stirbt.

Fünf Sinne darben
Unter den Taten
Der Söldner und Soldaten.

Jeder Mensch kämpft
Und keiner weiß mehr,
Warum und wofür.

Für unsere Kinder

Was hat ein Kind verdient?

Eine Welt des Glücks,
Voller Hoffnung und Reichtum,
dem weltweiten Frieden
Und Erwachsenen, die mit aller Kraft
Dafür sorgen, dass es so kommt,
Falls es noch nicht so ist.

Aber ich sehe nicht
Die Erwachsenen, die streben
Mit ihrem gesamten Leben
Nach einer Welt, die für alle Kinder
Gerechtigkeit bringt.

Was ich sehe, ist Habgier
Und noch mehr Feigheit.
Was ich sehe, ist Faulheit
Und Menschen, deren ganzes
Leben nur noch Konsum ist,
Während die Welt, auf der sie leben,
Mit Hochdampf auf den Abgrund zurast.

Mobilität

Die Schienen rattern
Und tuckern tut der Bus.
Irgendwo rollen Panzer
Und bringen Menschen um.

Flott mit dem Fahrrad
Oder schnell zu Fuß.
Irgendwo steigt ein Flugzeug auf
Und beendet einen Lebenslauf.

Stau auf der Autobahn.
Die Tram hatte einen Unfall
Und die Drohnen
Kommen von oben mit Bomben.

Sie schiebt den Kinderwagen.
Er spielt mit ihnen auf dem Spielplatz.
An andern Ende der Welt kommt
Die neuste Generation KI-Waffen
Zum Einsatz.

Laufen wir in die Krise
Oder rennen wir ins Unglück?
Die Schritte unserer Herzen
Sind der Weg aus dem Lärm
Der Bomben und Granaten.

Fließbandarbeit

Die Panzer rollen
Vom Fließband.
Die Zollbeamten lachen
Und lassen ihn weiterfahren.

Angekommen im Krieg,
Weiß er zu zerstören.
Ein Metallpfeil trifft
Und das Ziel ist eliminiert.

Kann ein Panzer töten
Oder auch beschützen?
Wie viele Waffen brauchen wir,
Um den Feind davon abzuhalten,
Uns anzugreifen?

Die stumpfe Spirale der Gewalt
Macht vor keinem Halt.
So wie die Revolution
Ihre eigenen Kinder frisst,
Unterscheidet der Panzer nicht,
Wen er töten wird.

Traumata

Kleiner Kinder träumen
Und alte Frauen räumen.

Zahnlose Lächeln
In zerbombten Städten.

Ist die Welt noch zu retten
Oder sollten wir einfach
Nur ficken, bis der Atompilz kommt?

Dreibeinige Hunde.
Unverheilte Wunde.

PTBS-Knecht.
Ungesühntes Unrecht.

Sie feiern mit Koks.
Nutten auf dem Klo.

Kleiner Kinder
Werden Verkünder,
Wie dumm die Welt war.
Werden sie es besser machen?

Nach vorn

Niemals umdrehen,
Einfach nur noch
Dem Frieden entgegengehen.

Vergessen wir die Welt der Kriege.
Vergessen wir den Hass.

Erinnern wir uns an die Liebe.
Erinnern wir uns an die Mitmenschlichkeit.

Kein Traum zu groß,
Um geträumt zu werden.
Zu den Größten zählt
Der Traum vom Frieden.

Kein Moment, der nicht wert,
Gelebt zu werden
Im Dasein reinen Friedens.

Niemals blicken wir zurück
Auf Hass und Streit.
Vor uns liegt das
Irdische Himmelreich des
Vollkommenen Weltfriedens.

Heile Welt

Hier in der heilen Welt,
Wo wir glücklich sind
Und es uns allen gefällt.

Dort in den Kriegsgebieten,
Wo sie darben, hungern
Und bitterlich siechen.

Glaubt nicht, wir
Lebten in einer
Unumstößlichen Harmonie.

Schneller als wir
Gucken können, könnte der Krieg
Hier sein.

Genießt also jede Stunde
In harmonischer Ruhe
Des friedlichen Wunders.

Ein neuer Weg

Der Wind dreht.
Eben noch herrschten
Die Linkspopulisten
Und überzogen die Welt
Mit ihren kranken revolutionären Ideen.

Jetzt besteigen
Die Rechtspopulisten den Thron
Und Mütter fürchten wieder,
Dass ihr Sohn bald an die Front muss.

Sind wir wirklich so arm,
Dass wir außer der Wahl
Zwischen Links und Rechts
Oder Regen und Traufe
Nichts zu bieten haben?

Frieden wird erst greifbar werden,
Wenn wir begreifen, wie gleich
Sich links und rechts sind und
Wie sie davon leben,
Dass unsere Gesellschaften
Zerrissen sind.

Neue Zeiten. Neue Künste

Panzerunternehmen,
Die an die Börse gehen
Und dabei große Erfolge erzielen,
Wäre vor ein paar Jahren
Noch undenkbar gewesen.

Zeitenwende nannte
Es der Kanzler, bevor er abdankte
Wie die alten Kaiser.

Der Weg zum Frieden
Ist zerstört worden.
Panzer rollen.
Raketen fliegen.
Neu sind nur die Drohnen,
Die Bomben transportieren.

Wo ist die Bewegung,
Die wieder die Idee
Des Friedens in unsere Herzen
Singt, rappt, malt und schauspielert?

(Ohn)Macht

Roter Sand.
Totes Land.

Alter Mann
An Sohnes Grab.

Recht stirbt.
Unrecht verwirrt.

Geschändete Weiber.
Verbrannte Leiber.

Krieg frisst
Das Herz des Kindes.

Lebe hier
Und töte den Krieg.

Freie Vögel

Wir haben uns Flügel gewünscht,
Um über den Stacheldraht
In eine bessere Welt zu fliegen.

Noch immer träumen wir
Davon, freie Vögel zu werden,
Um über alle Grenzen zu fliegen.
Die nackte Realität ist kalt
Und frisst die Träume
Schäumender Teenager.

Hier wirkt unser Leben
Eingezwängt zwischen
Den sozialen Gesetzen.

Aber da draußen hinter
Den Grenzen müssen viele Menschen
Ums nackte Überleben kämpfen.

Oder sie sind verdammt
Zum Zwang als Arbeitssklave
Oder als Zwangsehefrau.

Sind wir hier frei?
Ein bisschen, aber die da
Draußen sind echt geknechtet.

Eine Seifenblase

Von einem kleinen Traum
Bleibt nur noch Schaum.
Er zerplatzt wie eine Seifenblase
An der menschengemachten Realität.

Es ist der Traum vom Frieden
Und der gesellschaftlichen Harmonie.
War es falsch ihn zu träumen
An jenen goldenen Tagen?

Der Laden lief und
Die Welt brummte,
Doch leider verschlief
Die Menschheit die Gelegenheit.

Mit Mut und Tatkraft
Hätten wir die Macht gehabt,
Ein Bollwerk für Liebe
Und Frieden zu errichten.

Jetzt ist er zerplatzt
Und es sprießt der Hass
In allen Winkel unserer
Schönen Menschenwelt.

Jobeuy

Expression ist muss,
Nach der tiefen Impression
Der Gräuel des Krieges.

Drück aus, was du
In deinem Herzen schreist
Und lass nicht zu,
Dass ein Opfer vergessen wird.

Kleine Gefühlstupfer.
Lange Leidensstreifen.
Flächige Emotionen
Im kahlen Stahlsturm.

Kupfer sticht
Und Blut leint auf der Wand.
Die Fotos collagieren die Verbrechen
Und Aktion rüttelt wach.

Alle moderne Kunst
War nicht stark genug.
Denn noch immer trommeln Kriege:
Wir brauchen etwas Neues, Besseres,
Etwas, das wirklich bewegt!

Stelldichein

Definieren uns Eindrücke
Oder sind die Eindrücke wir?
Was unterscheidet den Menschen
Im Frieden von dem Menschen,
Der im Bombenhagel erfriert?

Erfahrungen, Erfahrungen;
Alle reden von Erfahrungen.
Sie wären das Dogma unserer Zeit,
Wenn ihr nicht die Authentizität
Den Rang abgelaufen hätte.
Wie authentisch ist die Erfahrung,
Wenn ein Geisteskranker dein Haus
Mit Raketen beschießt?

Welt macht Welt.
Bewusstsein und Sein
Tanzen Ringelei.
Sein und Bewusstsein
Treffen sich zum Stelldichein.

Wie sie philosophieren,
Um den Frieden zu kriegen,
Statt einfach genug zu tun.

Stahlkahl

Zimmer still und stumm.
Münder aufgerissen.
Den Biss verloren.
Wahnsinn kreischt.

Rotbraunes Blut.
Hitze erfror.
Abstrahiertes Leid
Pervertiert in Unendlichkeit.

Kain erscheint.
Schwarz-weiße Spiegel.
Blaues Pferd
Auf totem Grund.

Scham flieht
Vor kaltem Stacheldraht.
Nackter Platz.
Donnernde Rohre.

Ewiger Moment
Brennt im Virus der Totalität.
Fremdes Selbst.
Opportunist.

Unzerrissen

Glauben wir wieder an unsere Macht
Und dass wir stärker sind als die Hetzer
Von Links und Rechts, die alles tun
Für ihren Krieg und ihre Revolution;
Und die immerzu Gewalt über uns
Bringen wollen.

Sie zerstören den Bund des Friedens,
Der uns jahrelang angetrieben
Hat und sie tun das mit Vorsatz.

Sie zerstören das Gefühl der Einheit,
Indem sie Misstrauen säen und
Unsere Geister mit ihren Lügen verkleistern.

Leben wir als Gesellschaft.
Werden wir eine Gemeinschaft.
Werden wir eine unzerstörbare Einheit,
Die für immer zusammenhält und
Die Linken und Rechten können uns
Mit ihrer revolutionären Kriegsgewalt
Nichts mehr antun.

Stell dir vor, es ist Revolution
Und keiner geht hin.
Stell dir vor, es ist Krieg
Und der Angreifer hat kein Geld mehr.
Stell dir vor, wir machen es wahr
Und erleben den ersten Weltfriedenstag.

Die Realität des Friedens

Es gibt Frieden,
Auch wenn wir ihn
Gerade wieder mal nicht finden.

Es gibt ein Ende der Kämpfe,
An dem alle Menschen
Sich die Hände des Vertrauens reichen.

Es gibt dich in einer Version,
Die total glücklich und friedlich ist.
Du musst dich nur trauen.

Es gibt einen Morgen,
An dem all die Sorgen des Heute
Vergangenheit sind.

Es gibt unsere Gemeinschaft
Als Weg gegen zerreißende Einsamkeit
Und um uns zu stützen.

Es gibt Frieden
Und wenn wir ihn annehmen,
Werden wir glücklich leben.

Weltfriedensweg

Es gibt einen Weg,
Der zum Weltfrieden führt,
Aber, weil ihn nicht genug wählen,
Siegt der Krieg immer wieder.

Wähle den Weg des Weltfriedens
Und blicke niemals zurück.
Du wirst ein Teil der besseren Welt,
Die wirklich zusammenhält.

Schritt um Schritt legst du zurück
Und beginnst, das Glück
Zu erfahren, dass der Weltfrieden
Mit sich bringt.

Wir werden eine Macht,
Aus der heraus die Kraft
Des Friedens wächst und bald
Wirklichkeit wird.

Wähle deinen Weg neu
Und beende jede Zerstreuung,
Die dich davon abhält, den Frieden
Zu vermehren!

Schöne, alte Erde

Eine schöne Welt
Ist alles, was zählt.
Wenn die Natur gesund
Und überall Frieden ist,
Dann ist alles,
Wie es sein soll.

Doch unsere kleine Erde
Durchlebt schwere Tage.
Das Erbe der letzten Jahre
Hat die Natur zerstört und
Die Mächte haben Blöcke
Und Misstrauen aufgebaut.

Zu vielen Leiden
Und zu viele Leichen
Hinterlässt unser Versagen.
Denn wir versagten
Und nun müssen wir
Die Konsequenzen ertragen.

Aber wäre alles schön,
Könnten wir leben und
Müssten uns nie ängstlich
Umsehen.

Für unsere Kinder

Wir wollen eine Welt,
In der Kinder lachen.
Denn was wirklich zählt:
Es ist ihr Glück.

Wenn sie spielen
Und zufrieden sind,
Ist der Frieden
Wirklich stabil.

Der Kinder Lachen
Ist das größte Geschenk
Und seien es ihre Spielsachen,
Die sie glücklich machen.

Deshalb arbeiten wir,
Um ihnen eine Welt zu geben,
In der echte Harmonie
Ein Dauerzustand ist.

Wenn Kinder sich freuen,
Ist die Welt gesund.
Es gibt nichts zu bereuen,
Wenn sie sicher sind.

Allumfassender Friede

Immer nur Liebe und Frieden
Und Kuschelkurs ist vielen
Konsumenten zu langweilig.
Sie wollen Action und Drama
Und sie wollen Kämpfe sehen.
So füttern sie ihren Geist
Mit dem gewalttätigsten Scheiß
Und wundern sich, wenn sie
Unglücklich und unzufrieden sind.

Reife Männer und Frauen
Verstehen, wie kostbar das Leben
Ist und sie sehnen sich nach
Einem Frieden, der dauerhaft ist,
Also stehen sie ab von den Apps
Voll Krieg und Gewalt und sie
Wollen keine Filme voll Hass
Und niemals endender Gewalt sehen.
Was sie wollen, ist Harmonie
In allen Dingen, denn sie haben
Begriffen, dass das den Frieden stärkt.

Unvergessen

Wir erinnern uns an
All die unzähligen Opfer
Der zahllosen Kriege.

Männer, Frauen, Kinder,
Deren Namen kein Geschichtsbuch
Niedergeschrieben hat,
Die aber wert sind,
Dass wir uns an sie erinnern.

Unzählige anonyme Opfer
In ungezählter Zahl mit
Unvorstellbarer Qual,
Die dem Geist des Krieges erlagen.

Wir erinnern uns und
Zünden eine Kerze an.
Wir erinnern uns und
Berühren die Brust hinter der
Unser Herz schlägt im Gedenken.

Zungenschlag

Frieden wird siegen,
Wenn wir aufhören,
Uns mit Worten zu betrügen.

Zu viele von uns lügen,
Wenn sie den Mund aufmachen
Und sie betrügen
Sich sogar selbst.

Ehrlichkeit bringt
Dauerhafte Freiheit.
Solange wir der Wahrheit
Einen doppelten Boden geben,
Sind wir verdammt zu Kriegen.

Fangen wir an,
Unsere Zungen zu trainieren,
Damit sie mit ihren Schlägen
Zu Trommlern der Wahrheit werden.
Gucken wir ins Spiegelbild
Und seien wir ehrlich zu uns selbst.
Gucken wir die anderen an,
Dann lasst uns sanft und ehrlich sein.

Illusion

Heile Wände.
Heile Familien.
Heile Herzen.

Dann kamen
Die Bomben und Raketen.
Dann kamen
Die Soldaten und brachten den Tod.
Wände stürzten ein.

Familien zerrissen
Und Herzen wurden gebrochen.

Die heile Welt
Wurde von den Bomben gefällt.
Das schöne Leben
Wurde von den Soldaten ertränkt.
Die glücklichen Augenblicke
Scheinen wie Erinnerungen
Aus einer eingebildeten Wirklichkeit,
Denn sie sind so unvereinbar mit dem,
Was Realität wurde, als die Raketen kamen
Und denen Truppen folgten,
Die vergewaltigen und morden.

eine Welt

Nie wieder ist jetzt,
Wenn eine Milliarde Muslime
Zehn Millionen Juden jagen und
Die bei ihrer Verteidigung
Völlig übertreiben.

Was Menschen Menschen angetan,
Glaubt kein Kind,
Wenn es nicht die Wahrheit wäre.
Aber das kalte Grauen
Ist unglaublich.

Wir sind Brüder und Schwestern.
Kinder desselben Geistes.
Wir sollten uns lieben und
Friedlich miteinander spielen.

Wir sollten uns respektieren
Und uns nicht all diese
Schrecklichen Dinge antun.

Freundlich sein

Freundlichkeit
Führt ins Friedensreich.

Die Menschheit rätselt,
Dabei ist es leicht.
Wenn wir wirklich ehrlich
Und freundlich sind,
Ohne es vorzutäuschen,
Wird der Frieden werden
Ganz natürlich auf Erden.

Dankbarkeit
Ist Freundlichkeit.
Zu vergeben und zu nähren
Ist Freundlichkeit.
Sich ehrlich zu begegnen
Und Liebe zu säen,
Lassen den Frieden blühen.

Zeugen

Ich bezeuge den Frieden.
Sie zeugen den Krieg.
Wann ist die Menschheit zu müde,
Immer ihren Preis zu zahlen?

Wenige wollen Krieg.
Wenige profitieren vom Krieg.
Dennoch ist er ein
Dauerhaftes Phänomen.

Warum lassen wir zu,
Dass etwas, das nur wenigen nutzt,
Uns alle um den Schlaf
Und die Hoffnung bringt?

Ich lege Zeugschaft ab
Für den Friedenspfad und
Ich schwöre euch, ein Teil
Des Friedensfahrzeugs zu sein.

Wir reisen durch die Welt,
Solange es uns gefällt und
Lehren, predigen, singen
Vom und über den Frieden.

Einfach

Einfach nur Frieden
Und Liebe.

Einfach nur Glück
Und ein Stück vom Sonnenschein.

Einfach nur vertrauen
Und aufeinander aufbauen.

Einfach nur geben
Und dankend annehmen.

Einfach nur Freude
Teilen mit all meinen Freunden.

Einfach eine bessere Welt,
Die zusammenhält.

Fließbandproduktion

Drohnen, Raketen,
Granaten und Panzer.

Volle Schlachtfelder,
Aber leere Augen,
Die am Grauen zerbrechen.

Wir produzieren
Endlos viel Kriegsgerät,
Das dann irgendwo hingeht
Und Menschen umbringt.

Wie ein Bumerang
Schicken wir Panzer auf die Reise
Und sie kreisen und schicken
Etwas zurück, das uns bedrückt.

Schilde, Mörser,
Minen und Hubschrauber
Sind Teile des Kriegszaubers,
Der uns verschlingt
Und kein Kind verschont,
Wenn es im Weg steht.

Denkfaul

Hammerschläge
Geistern durch sie Presse.
Pandemie. Krieg und Inflation.
Das Volk ist desillusioniert
Und wendet sich wieder
Den extremen Flügeln zu.

Ein tiefer Graben
Teilt die Menschen
Überall in Schwaben,
Bayern und Preußen.

Rauer werden die Wörter,
Bedrängt die Entscheidungsträger.
Der Zorneswille wächst
Und der Kontext entsetzt.

Da wollen die einen
Wieder Nazis sein und
Die nächsten reihen
Sich bei den Kommunisten ein.

Ich denk mir so: Vernunft
Führt uns aus der Krise,
So wie es ihr gelänge,
alle Krisen abzuwenden,
Aber viele Menschen ziehen lieber
In den Krieg, als ihren Kopf
Zum Denken zu benutzen.

Menschen denken

Liebe ist Frieden.
Kampf ist Hass.

Wogegen sollen wir kämpfen?
Wir sind eine große Familie
Aus Menschen, die sich wertschätzen.

Irre lügen und betrügen,
Damit wir uns übereinander aufregen
Und dann für sie kämpfen.

Wir Menschen müssen endlich
Zu Ende denken, bevor wir wieder
Sinnlos gegeneinander kämpfen.

Liebe kann siegen.
Wut alles zerstören.
Auf Vertrauen können
Wir aufbauen und
Ehrlichkeit ist der Preis
Einer heilen Welt.

Ordinär

Überwältigende Gefühle
Wühlen dein Innerstes auf.
Du erkennst dich selbst.
Aber wolltest du so sein?

Jahre zogen ins Land
Und sie ziehen weiter,
Doch da ist diese Erinnerung,
Wie du einst gesessen und
Dir inbrünstig geschworen hast,
Deinem Leben Sinn und Tiefe zu geben.

Platt wie eine Flunder
Ist dein Leben.
Du bist ein Folienmensch,
Der konsumiert, aber sonst nichts
Im Leben hat.

Ja, es ist einfach,
Aber es erfüllt dich nicht
Und dann siehst du die Bilder
Vom Krieg und beschließt:
Du wirst Aktivist*!

Gewahrsein

In diesem Augenblick
Wird ein Mann erschossen.

Fühle ihn!

In diesem Augenblick
Wird eine Frau vergewaltigt.

Fühle sie!

In diesem Augenblick
Beginnt ein fünfjähriges Kind
Seine zwölf Stunden Arbeitsschicht.

Fühle es!

In diesem Augenblick
Wird eintausend Schweinen
Die Kehle durchgeschnitten.

Fühle sie!

In diesem Augenblick
Hageln eine Million Gedanken
Auf deinen Kopf ein.

Fühle dich!

Steh auf!

Frieden muss siegen,
Sonst werden die Hunde
Des Krieges bald vor
Unseren Türen stehen.

Egal, wie stark unser
Frieden wirkt, hier unter uns
Gibt es Kriegshetzer, die nur
Daran denken, ihn zu
Dekonstruieren und alles zu
Zerstören.

Wenn wir uns treiben lassen
In langen Partynächten oder
Vor Bildschirmen mit Games und Filmen,
Werden sie nicht schlafen
Und alles tun, um dir dein Glück zu
Rauben.

Verschlafe und wache
Im Krieg auf oder
Kämpfe wach, solange
Du noch die Chance hast.

Stahlkrieger

Der Panzer rollt,
Weil der Troll
Seinen Tribut zollt,
Aber auch der Troll
Wird überrollt.

Heutige Waffen
Machen keine Unterschiede.
Auch KI-Waffen
Machen keine Unterschiede.

Sobald der Krieg
Vollkommen automatisiert,
Wird die Zahl der Opfer steigen
Und die Zahl der Täter sinken.

Das Gesicht des Krieges
Wird aus kaltem Stahl bestehen,
Aber die Opfer werden
Weiterhin rot bluten.

Noch rollt der Panzer
Über den Internettroll
Und wird von einem Mann gelenkt,
Aber der Tag ist nah,
Da rollt der Panzer
Voll automatisch
Über den Internettroll.

Alles beim Alten

Eine neue Welt
Mit alten
Problemen.

In der neuen Zeit
Werden wir
Altes erfahren.

Tage verstreichen
Und nichts
Steht still.

Auch nicht die Panzer
Und ihr blutiges
Handwerk.

Der Sold der Mörder
Wird weiterhin
Bezahlt

Und Tag für Tag
Füllt sich ein
Weiteres Grab.

Grau in Grau

Hoffnungslosigkeit
Macht sich breit.
Des Feindes Horden
Morden kaltblütig, als ob
Sie keine Menschen wären.

Im Gewand der nackten Angst
Schlafen wir jede Nacht.
Des Hasses Macht
Macht vor keinem Halt.

Rare Nahrung und
Dreckiges Wasser sind
Die Realität aller Kriege und
Es trifft die Kleinsten meist
Am härtesten.

Wenn die Horden morden
Und des Hasses Macht zerstampft,
Werden Kinder Waisen und
Andere an den Gräbern
Ihrer Kinder weinen.

Die beste Wahl

Den Sinn meines Lebens
Will ich dem Frieden widmen.

Was tust du mit den Tagen,
Die dir noch bleiben?

Müßiggang und Faulheit
Scheinen eine schlechte Wahl.

Weder du heute, noch
Die Kinder von morgen profitieren.

Wähle den Frieden und
Du wirst beruhigt leben.

Wähle den Frieden und
Du wirst sanft einschlafen.

Wähle den Frieden und
Du wirst friedlich am Ende gehen.

Frontabschnitte

Pech tropft
Auf den toten Kopf.
Leere Hüllen,
Wo einst Augen glühten.

Blutiger Slip
In die Ecke geschnippt.
Dann wandert der Stamm
In sein gebrochenes Opfer.

Hinter den Linien
Werden sie vertrieben
Oder gefangen und
Gefoltert.

Leben gehen,
Auch jene, die Leben nehmen,
Können sich nicht
Gegen ihr Schicksal wehren.

Kalte Maschine.
Knochen mahlende Walze.
Der Sog des Bluts.
Zwang politischer Wut.

Danach

Friede sieg
Im echten Leben.

Kinder, spielt
Den Frieden.

Ketten retten
Im Verbund der Vernunft.

Panzer brennen.
Flugzeuge zerschellen.

Wir entledigen
Uns des Kriegsgeräts.

Neuanfang
Im freien Tanz.

Hand in Hand lernen
Wir zu lachen.

Herz an Herz
Ist höchster Wert.

Kontostand

Am Ende können sie ihr Geld
Weder essen noch wird es sie
Vor den Bomben retten.

Frieden und Liebe
Sind größere Werte
Und was sie bringen,
Wird länger klingen.

All ihre Autos und Flugzeuge
Können sie nicht ins
Paradies transportieren.

Geld rettet nicht die Welt,
Aber die Liebe, die gefällt,
Rettet die Welt und ihre Kinder.

All ihre Privilegien wird es
Nicht mehr geben, wenn der Krieg
Sich ihre Städte holt.

Was bleibt, ist das Wissen,
Dass ein reines Gewissen
Unbezahlbar ist.

Altes Kaleidoskop

Wir träumen
Von einer besseren Welt
Und erleben, wie alles
Vor unseren Augen zerfällt.

Das Land zerreißt.
Die Welt verbrennt.
Ein unheimlich großer Graben
Reißt zwischen Arm und Reich auf.

Die Utopie vom Frieden
Und einer fairen, gerechten Welt
War vor noch gar nicht allzu langer Zeit
Greifbar und realistisch.
Jetzt zerfällt die Welt
Wie die Reste eines Kaleidoskops.

Wir träumen.
Wir wollen.
Wir leben und
Es muss weitergehen;
Irgendwie.

Freie Menschen

Wir folgen Führern
Und erwachen im Krieg.
Wir vertrauen Königen
Und werden an die
Kette gelegt.

Wie lange noch, ehe
Jeder Mensch versteht,
Dass Könige, Führer und Scheichs
Immer ins Unglück führen?

Die Evidenzen der Geschichte
Sind erschütternd.
Das Chaos ihrer Herrschaft
Ist wachrüttelnd.

Wir folgten ihnen,
Weil wir glaubten,
Es wäre natürlich.
Dann erwachten
Wir schmerzlich
Und begriffen, wir sind
Betrogen worden.

Der Grund

Warum ist der Frieden
Unsere einzige Option?

Weil wir Glück wollen
Und weil wir unseren
Eltern und Kindern
Tribut zollen, indem wir
Sie glücklich machen.

Der Grund des Friedens
Ist ein zufriedenes Herz.
Der Grund unseres Herzens
Ist der Liebe Wert.

Ein Grund.
Zwei Gründe.
Unendlich viele Gründe.

Jede:r suche sich
Den liebsten Grund.
Fakt bleibt: Nur
Der Frieden macht gesund.

Was machst du da?

Wenn wir länger zögern,
Werden sie alles zerstören.

Krieg.
Blockbildung.
Klimakollaps.

Die Erde steht am Abgrund.
Die gesamte Menschheit
Ist in Gefahr und was tun wir?

Was tust du in der Zeit
Zwischen Aufwachen
Und Schlafengehen?

Was machst du Tag für Tag?

Ist dein Tagwerk der Weg,
Der uns zum Frieden führt
Oder ist deine Faulheit die Ursache,
Warum die Kriegshetzer und
Die gierigen Bosse die Welt ruinieren?

Neue Normen

Der Krieg hat eine eigene Logik.

Da stirbt der Dissident
An einem Giftanschlag.
Da werden Kinder von Bomben
In einem Krankenhaus begraben.
Da rauben die guten Söhne,
Die zwangsrekrutiert wurden,
Kühlschränke und Fernseher
Für ihre Familien zuhause, nachdem
Sich die Frontlinie verschoben hat.

Was im Frieden normal,
Wird im Krieg zur Qual.

Menschen entmenschlichen.
Der Feind wird zu etwas
Untermenschlichem reduziert.
Menschen kämpfen,
Wo sie eben noch Brüder waren.

Was bleibt, sind die Gräben
Und das Misstrauen.
Was bleibt, ist die Angst
Und die Traumata.

Auf dem Kopf

Jeden Tag sterben
Mehr Kinder im Bombenhagel.
Jeden Tag stehen
Mehr Eltern an den Gräbern
Ihrer Söhne und Töchter.

In der Welt läuft etwas schlecht
Und es herrscht großes Unrecht,
Wenn Eltern in Scharen
Ihre Kinder zu Grabe tragen.

Es gibt einen Stab,
Der von Generation zu Generation
Weitergegeben wird.
Dieser Stab fällt in die Leere
Der wehenden Tränen
Der Mütter und Väter.

Denn die Welt steht Kopf,
Wenn Kinder vor ihren Erzeugern sterben.
Mit ihnen stirbt die Hoffnung
Auf eine heile Welt.
Denn wer soll da sein
An fernen Tagen, um
Die Fackel zu tragen
Und das Licht neu zu entzünden?

Diener des Friedens

Ich wähle den Weg,
Der in den Frieden führt.
Das sei mein Schicksal,
Mein Ziel und meine Mission.

Ja, ich glaube an den Frieden
Und spüre, dass wir zusammen
Ihn aufbauen könnten.

Ja, ich glaube an die Menschen,
Dass sie eines Tages das reine Gute
in ihren Herzen entdecken und
Nie wieder etwas anderem folgen.

Ich wähle ein Leben
Im Dienst an den Nächsten.
Ich will danach streben,
Dass wir alle in Frieden leben,
Denn ich weiß, der Dienst für den Frieden,
Ist der höchste Dienst an den Nächsten.

Geteilt

Verminte Todeszonen
Zwischen einer Nation,
Die zusammengehört.

Ob Korea oder Deutschland,
Wo der Kommunismus erscheint,
Folgen Überwachung und Leid.

Die Linken predigen Freiheit,
Aber kaum an der Macht
Beginnen sie, alle zu überwachen.

Sie erzählen dir vom Frieden,
Aber wenn du anderer Meinung bist,
Traktieren sie dich mit Stockhieben.

Was ist ihre Weltrevolution
Anderes als ein Weltkrieg
Gegen alle Werte echter Menschlichkeit?

Morgige

Was bringt die Zukunft?
Was denken jene,
Für die wir Ahnen sind?

Der Fluss der Zeit.
Unaufhaltbar.
Alles reist.

Ich frage nicht, wie sie heißen
Oder auf welche Art sie reden.
Ich frage nach der Liebe,
Die sie leben!

Ich sehe und sie sehen dort
Am selben Ort zu einer anderen Zeit.
Was bleibt?

Fandet ihr den Frieden?
Ihr Morgigen habt ihr gelernt,
Wie wir uns alle versöhnen?

Habt ihr gefunden
Den Brunnen der Friedensquelle
Und lebt ihr miteinander
In Frieden und Freude?

Wahlniederlage

Der letzte Blick
Eines kleinen Kindes,
Bevor die Bombe
Es zerfetzt.

Was taten unsere
Politiker in den letzten Jahren,
Als es Chancen gab,
Das zu verhindern.

Was tat die Führerin,
Als der Krieg gebar?
Sie hat verschlafen
Und nur Vetternwirtschaft
Für ihresgleichen gemacht.

Jetzt sterben sie
In einem sinnlosen Krieg
Und wir wählen weiter
Dieselben Politiker.

Wir kriegen,
Was wir verdienen
Und wir müssen uns
Mehr anstrengen, um
Bessere AnführerInnen
Zu kriegen. Denn mit den Aktuellen
Werden wir verlieren.

Samen, Dünger, Ernte

Frieden kann siegen,
Wenn wir unsere Süchte
In den Griff kriegen.

Warum haben wir
Den Zustand des
Globalen Gleichgewichts
Verloren?

Weil wir uns berauschten
Und nicht aufbauten.
Weil wir uns berieseln ließen,
Statt den Frieden zu gießen.

Es stimmt, es gab
Den Strom des Friedens
Für Jahrzehnte.

Ihm folgte der Strom
Der Gier, Gangster
Und Kriege.

Beides waren die Früchte
Der Samen, welche die Menschen
In ihren Geist reinließen.

Kinder

Ein Kind:
Klein und rein.
Es wird Zeuge sein
Der Taten der heutigen
Erwachsenen.

Sie werden
Alles erben,
Was wir heute
Verderben.

Kriege. Klima.
Seuchen.
Verfeindete Gruppen,
Politische Lager und
Unüberwindbare Gräben.

Ein Kind kriegt,
Was wir hier
Tun und erschaffen.

Alle Kinder kriegen,
Was wir hier
Fabrizieren.

Umgeformte Uniform

Polizeistaat
Und Militärmacht.

Mit Knüppeln und
Wasserwerfern
Gegen die Freiheit.

Gefängnisse
Voller gefolterter
Menschen.

Vergewaltigt
Und erniedrigt.
In den Selbstmord
Getrieben.

Kaum in der Uniform,
Schon jede moralische
Norm vergessen.

Hässlich ist die Gewalt
Im Namen des Staates.
Hässlich ist alle Gewalt
Gegen die Kinder der Erde.

Unersättliche Gier

Der Frieden der Welt
Zerfällt an der Gier
Nach Geld.

Menschen verkaufen
Die Zukunft der Erde
Und das Erbe der Kinder
Von Morgen.

Einfach könnte es sein
Und wir alle frei
Leben.

Freiheit könnte scheinen
In allen Winkeln
Des Planeten.

Aber die Gier der Wenigen
Kostet Milliarden Wesen
Das Glück im Leben.

Utopie

Wege fehlen,
Um von einer Welt,
Bestimmt von Konflikten
Und unvereinbaren Systemen,
Zu einer Welt des
Weltfriedens zu kommen.

Wir machen
Tausend Actionfilme
Und Gangsterrap Videos,
Aber viel zu wenige
Zeigen, wie wir die Welt
Wirklich besser machen.

Kein epischer Held
Kann uns retten,
Noch weniger eine Partei.

Wir allein als Gemeinschaft
Haben die Macht.
Wir allein als Gesellschaft
Haben genügend Kraft.

Am Anfang steht die Vision
Und am Ende der Lohn,
Dazwischen harte Arbeit.

Zerplatzte Augen

Der Traum zerplatzt.
Das Gehirn zermatscht
Von Kugeln und die
Häuser sind Ruinen.

Milliarden kostet
Der Wiederaufbau,
Aber noch ist der Feind
Hungrig auf Blut.

Kinder starben
Und Politiker warben
Auf beiden Seiten
Für Soldaten.

Es ist leicht,
Wer anfing, ist schuld.
Das war früher so,
Nur heute ändert es sich.

Plötzlich hören wir
Geschichten von gerechten
Terroranschlägen und
Fairem Bombenhagel.

Die Bots und AI
Begründen ein neues
Zeitalter der Desinformation
Und hybriden Kriege.

Varianten

Frieden in
All seinen Versionen.
Hoffnung
In allen Herzen.

Für einen Moment
Wirkte es so,
Als wäre das goldene
Zeitalter da, denn
Es war nah.

Aber wir haben
Es verloren und
Dann erneut
Geschworen, nicht
Zu ruhen, bis Frieden
In allen Ländern und
Herzen lebt.

Frieden in
All seinen Versionen
Und Farben.
Frieden an
All den Tagen,
Die uns erwarten.

Nennt ihre Namen

Dissidenten kämpfen
Und sie sterben
Mit tausend Erben.

Das Unrecht knechtet.
Wer es bekämpft,
Lebt gefährlich.

Der Ruf des Herzens
Akzeptiert die Schmerzen
Für den Traum von Freiheit.

Dissidenten wagen,
Unbequem zu fragen, um
Das System zu kompromittieren.

Hinter dem Schleier
Der Gewalt leben
Tausende Schreie.

Unsere Freiheit
War ihr Verdienst.
Dass wir uns erinnern,
Haben sie sich verdient.

Jetzt!

Verhindere, dass es wieder
Geschieht.
Was?
Fragst du das
Wirklich?

Kein neuer Krieg.
Kein weiterer Genozid.
Kein zweiter Holocaust.

Es ist immer jetzt
Und heißt immer
Nie wieder.

Aktuell sind wir
Nie wieder ist jetzt.

Irre Fundamentalisten
Bomben und morden
Wie einst die Braunhemden.
Kommunisten planen
Unseren Untergang und
Oligarchen rauben unser
Letztes Hemd.

Verhindere, dass sich
Das dunkle Zeitalter
Wiederholt.

Knallhart wahr

Die Lügen der Mächtigen
In den Kanälen ihrer Medien
Werden zur Wahrheit für die Massen,
Die zu faul sind, selber zu denken.

Lügen sind leichter zu ertragen,
Als die harten Wahrheiten.
Aber den harten Wahrheiten
Folgt der Frieden, während
Aus den Lügen Kriege werden.

Wir sind so sehr gewohnt,
Uns berieseln zu lassen.
Wir würden alle hassen,
Die uns zwingen, darauf zu verzichten.
Längst sind die medialen Geräte
Die Schnüre eines Marionettenspielers.

Harte Fakten oder sanfter Betrug?
Nackte Ehrlichkeit oder
Das schöne Kleid der Lüge?

Tränenzoll

Tränen rollen,
Weil wir dem Leben
Tribut zollen, aber zu viele
Zu früh entrissen werden.

Die einen bomben
Alles mit ihren Selbstmordattentätern.
Die anderen schicken
Raketen, um Grauen zu säen.
Dann sind da die
Aus Ost und West, die wie die Pest
Mit ihrer Überwachungstechnik
In jedes Haus kriechen
Und alles überwachen.

Tränen rollen,
Während wir stumpf
Auf unseren Geräten scrollen.
Tränen rollen aus
Geschwollenen Augen.

Der goldene Morgen

Ein Traum wächst in den Herzen
Und blüht auf den Wiesen im Frühling.
Es ist der Traum, in dem die Panzer
Stoppen und die Raketen verstauben.

Kleine Kinder tanzen im Sand
Und alle Völker reichen sich die Hand.
Kein Herz, das nicht von Liebe
Erfüllt und sich nicht glücklich dreht.

Die weiße Fahne trägt tausend Namen.
Keiner weiß mehr, warum man sie brauchte.
Gewalt gibt es nicht mehr, aber ein Meer
Aus Geschenken für alle Freunde.

Grenzen sind nur noch Zierde,
Denn niemand tut etwas, um die
Anderen zu verletzen. Das Vertrauen
Wächst bis zum Himalaya.

Politiker bekommen keine Diäten,
Nicht mal mehr Schmiergeld. Sie
Tun alles aus purer Herzlichkeit und
In dem Wissen reiner Nützlichkeit.

Inkompetente Zeiten

Die Politik
Ist verpflichtet,
Doch etwas geht schief.
Wer kann es richten?

Wir brauchen Kompetente
Und keine Charismatischen.
Wir brauchen Fähige
Und keine medial Aufgeblähten.

Sie wissen, wie die Medien
Funktionieren und sind geschickt,
Sie zu instrumentalisieren.
Aber jene, die mit Herz und Verstand
Politik machen, haben keine Chance,
Denn sie sind nicht bereit
Ihre Seelen für mediale Präsenz
Zu verkaufen oder sich für Spender
Und Klickzahlen zu prostituieren.

Politiker und Politikerinnen
Dieser Tage sind eine Schande
Und sie sind schuld, dass wir am Abgrund
Leben und uns kaltherzige
Autokraten gegenüberstehen,
Die immer mächtiger werden.

Finale

Der letzte Blick,
Bevor er stirbt,
Auf eine Welt des Unglücks.

Panzer kamen
Mit Männern ohne Gewissen.
Mitgefühl ist eine Illusion.
Tod der einzige Lohn.

Niemand kann fliehen
Vor Gewalt und Hass,
Der nicht bereit
Zu sterben ist.

Ein letzter Blick.
Ein letzter Atemzug.
Die Gewissheit, es ist
Vorbei und er endlich frei.

Kalt wird der Leib.
Ausgehauchter Geist.
Tritte der Soldaten,
Um zu überprüfen, ob ihr Opfer
Wirklich tot.

Höchste Werte

Das Leben ist ein Wunder
Und das Herz sein Verkünder.
Der Frieden ist das Paradies,
Das zum Frieden gehört.

Die Menschen denken und
Wenn sie nicht denken, kämpfen sie.
Die Welt brennt lichterloh,
Mal im Krieg, mal im Liebesstrom.

Dein Wert ist grenzenlos.
Du bist wie ein Floß,
Das durchs Leben treibt
Und sehnsüchtig verweilt.

Die Hoffnung auf Frieden
Treibt die menschlichen Riesen
Danach, politisch zu werden
Solange sie auf Erden.

Nur das Herz trägt
Uns zum höchsten Weg,
Auf dem Frieden für immerdar
Und ewig wahr ist.

Nackte Angst

Frieden lebt in jedem Kind.
Warum stirbt er bei manchen,
Wenn sie erwachsen sind?

Angst ist die Antwort,
Denn Angst folgt dem Hass,
Wie der Schatten dem Mensch,
Der am helllichten Tag
Durch sein Leben tanzt.

Angst ist das Gewand
Der Kriegshetzer.
Sie verbreiten sie, weil sie selbst
Von der Angst gefangen sind.

Angst ist ihre Waffe und
Ihr eigenes Nachtgespenst.
Angst ist ihr Gefängnis
Und die Ketten, die sie
Allen anlegen wollen.

Liebenswerter Frieden

Wir lieben
Den Frieden,
Aber hassen nicht
Den Krieg, denn
Hass ist nicht unser Weg.
Wir wollen ihn
Einfach nicht.

Wir wollen Frieden,
Um uns friedlich zu lieben.
Wir wollen frei sein,
Ohne ständigen Streit.

Es gab Jahre
Echten Friedens und
Wir können sie zurückkriegen.
Es gab Jahre
Globaler Harmonie, als es schien,
Dass alle den Krieg verlieren.

Es kommen Jahre
Harten Arbeitens für den Frieden.
Es folgt das Leben
Nur noch diesem Ziel.

Politische Pesterreger

Kommunisten wollen
Uns versklaven und
Faschisten uns umbringen
Und Fundamentalisten
Uns in die Luft sprengen.
Das ist, salopp gesagt,
Die neue Realität.

Aber ist sie so neu
Oder haben wir nur
Davon geträumt,
Dass es sie nicht mehr gibt?

Leider stimmt letzteres
Und diese politische Pest
Gibt es seit über hundert Jahren
Und sie ist schwer zu ertragen.

Wir realisieren jetzt,
Wie diese politische Pest hetzt,
Um Krieg und Revolution zu verbreiten
Und allen Menschen ihre Freiheit
Zu rauben und sie zu versklaven.

Freie reifen

Verbinde die Punkte
Und sieh das ganze Bild.
Die Autokraten sind nur stark,
Weil die Masse sich für
Schwach hält.

Wenn wir unsere
Eigene Stärke entdecken,
Werden wir zu Wölfen und
Sind nicht länger Lämmer,
Die sich zur Schlachtbank
Der Kriegsfront führen lassen.

Wenn wir sagen, es reicht,
Werden wir frei und reich
An Friedlichkeit.

Wenn wir begreifen,
Wozu wir fähig sind
Und endlich reifen, dies zu tun:
Dann hat der Frieden eine Chance.

Alles

Es steckt in mir
Und es steckt in dir!
Was?
Das Potential
Des Friedens!

Wir können
Und wir sollten.
Wir müssen
Und wir dürfen.

Machen wir den Frieden wahr.
Machen wir ihn einfach.
Womit?
Mit dem Schweiß und dem Preis
Pausenloser Arbeit.

Wozu brauche ich eine Pause?
Wozu brauchst du eine?
Genau!
Wir haben hier und heute
Die Chance, Frieden zu schaffen
Und dauerhaft lebendig zu machen.
Was wollen wir mehr?

Rückwände

Knochen brechen
Unter Panzerketten.
Schädel bersten
Unter den Versehrten.

Der kalte Krieg
Ist diesmal heiß.
Das Leid bleibt
Immer gleich.

Leichen stapeln sich
Und der General spricht.
Einfach marschieren
Und alles ausradieren.

Die Blöcke streiten
Und Kluge scheißen
Auf ihre Politik und
Den ständigen Krieg.

Vernunft liegt
Tief vergraben.
Liebe geschieht nur
Hinter geschlossenen Türen.

Farben des Grau(en)s

Weiße Wolken ziehen
Über weiße Fahnen.

Blutleere Leiber
Zerstört von roten Fahnen.

Der schlammige Matsch
Und die Stiefel der Braunhemden.

Grauer Nebel zieht auf
An grauen Gefängnismauern.

Das fahle, erbleichte Gesicht
Sieht das beige Totenhemd.

Nur das Blau des Himmels
Erhebt das Gefühlsblau.

Grell gelbt der Raketenschweif
Und die Sonne, die scheint.

Gut und böse

Lieber allein,
Als mit Bösen sein.
Aber was macht einen
Zu einem Bösen?

Wenn er den Krieg nährt
Oder sie den Krieg füttert,
Sind sie böse.

Wenn sie den Frieden diskreditiert
Oder er ihn schlecht dastehen lässt,
Sind sie böse.

Es gibt die, die alles tun,
Um den Frieden zu zerstören,
Um Krieg und Terror überall auf Erden
Zur Normalität werden zu lassen.

Stoppen wir das Böse
Und werden wir die Guten.
Denn die Guten sind die,
Die den Frieden lieben.

Gigantisch

Nichts kriegen wir geschenkt,
Denn der Wind des Krieges
Weht ungebremst.

Von allen Seiten frisst sich
Das Feuer des Krieges
In unsere Städte.

Wir müssen wetterfest werden,
Wenn der Sturm des Krieges
Über uns hereinbricht.

Wir hungern erbärmlich
In der Dürre des Krieges
Und werden spindeldürr.

Wir müssen unseren Kopf
Oben halten, wenn der reißende
Strom des Krieges uns
Mit sich reißt.

Der Friedensadler

Frieden fliegt
Mit brennenden Flügeln,
Denn Raketen fliegen
Und jagen die Adler
Des Friedens.

Frieden summt
Ein altes Lied,
Das unerhört
In vielen Ohren klingt.

Frieden fährt
Um die Welt,
Aber zu viele Staaten
Verweigern ihm Zutritt.

Frieden fliegt
Als stolzer Adler
Und er pulsiert
Wie die Hauptschlagader.

Frieden schwimmt
Im weiten Ozean
Heiß wie ein Vulkan.

Schier unlösbar

Not und Tod
In den besetzten Gebieten.
Vertreibung und Armut
Bei denen, die fliehen konnten.

Täglich werden es mehr,
Weil wir keinen Plan haben,
Die Kriegshetzer zu stoppen.
Täglich sterben mehr,
Weil unsere Politik
Völlig inkompetent handelt.

Not und Tod
Werden zur neuen Realität.
Sie waren es einst
Für Jahrhunderte, aber
Wir dachten, wir hätten sie besiegt.
Die Wahrheit des Krieges
War schlauer und wieder liegt
Vor uns ein Mammutprojekt.

Naive Kinderseelen

Wir waren Kinder
Und wussten nicht viel.
Wir wuchsen heran
Und erkannten, wie die Welt
Wirklich ist. Viele von uns
Sind daran zerbrochen.

Keiner mit reinem Herzen
Versteht, was manche zu irren
Gewalttätern macht. Wieso
Fühlt ihr Herz nicht, was
Ihre Opfer fühlen?

Wir waren Kinder
Und reiften im Bewusstsein,
Dass die Welt ein Ort ist,
Der ständig am Abgrund steht.

Wir sind keine Kinder mehr
Und auf unseren Schultern ruht
Die Verantwortung, unserer Erkenntnis
Folgend zu handeln.

Hierarchie und Kriege

Kein Heim wird sicher sein,
Solange es Autokraten und
Diktatoren gibt.

Jede Hierarchie
Trägt den Samen
Des Krieges in sich.

Gleichheit schafft
Gleichzeitig ein Licht
Der Freiheit.

Wenn die eine Hand
Die andere Hand als gleich erkannt,
Ist der Krieg verbannt.

Menschenrecht
Ist nur gerecht, wenn
Gleichheit trägt.

Blutzoll

Wilde Gedanken,
Aber staatliche Schranken,
Die uns in mentalen Käfigen
Gefangen halten.

Wir wollen ausbrechen
Und nicht mehr wie Knechte
In ihren Bahnen traben.

Krieg, Korruption und vor allem
Standesdünkel sind die Sockel
Ihrer Welt. Wir reißen ihre Burg ein
Und wählen ein freies Leben.

Vielleicht stimmt es wirklich
Und die Freiheit fordert Blut
Oder es ist nur ein Hirngespinst
Und wir müssen nur auf
Die andere Seite treten.

Welcher Weg auch immer:
Freiheit ist unser Ziel.

Freiheit von Königen, Scheichs,
Priestern und unabwählbaren Typen,
Die die Demokratie pervertieren.

Treue Herzen

Treue Herzen,
Die in den Wirren des Krieges
Die Schmerzen gemeinsam
Ertragen und sich wärmen.

Zerrissen ist der Bund
Alter Familien und die Kund
Eines unbeschwerten Lebens.

Armes Fleisch zahlt den Preis
Korrupter Führer und Betrüger.
Im Bombenhagel schnitzen sie
Fleißig einen neuen Sargnagel
Für den Freund, der unter den
Trümmern verstreut liegt.

Treue Herzen,
Die den Wert des Friedens kennen,
Aber an der Realität zerbrechen.

Treue Herzen
Entzünden ein paar Kerzen,
Um den Gefallenen zu gedenken.
Unvergessen.

Jede Sekunde zählt

Steh auf und träume vom Frieden.
Leg dich friedlich schlafen.
Noch sind die Bomber nicht hier.
Noch rieseln keine Raketen:
Wir haben noch eine Chance,
Den Frieden zu stabilisieren.

Solange es noch nicht knallt,
Ist jede Sekunde wertvoll,
Um den Frieden zu stabilisieren.
Aber selbst, wenn sie fliegen,
Müssen wir alles tun, um
Den Frieden zurückzukriegen.

Egal, wo und wann wir stehen.
Egal, wer wir sind: Nur der Frieden
Kann uns echtes Glück bringen.
Nur im Frieden werden wir entspannt
Einschlafen und friedlich träumen.
Nur im Frieden können wir reisen,
Shoppen und uns unterhalten.
Nur im Frieden können wir sicher
In unsere eigene Zukunft segeln.

Evolution

Unsere Gesellschaften sind so kalt.
Wir brauchen Arsenale an Monsterwaffen,
Damit die anderen nicht kommen,
Um uns abzuschlachten.

Was sagt das über unsere Kultur?
Wie hoch ist der Grad an Zivilisation,
Dass das der globale Zustand ist?

Sind wir wirklich schon
Hochentwickelt oder steht uns
Der entscheidende Entwicklungssprung
Noch bevor?

Wo steht die Spezies,
Der du angehörst, auf der Leiter
Der Evolution?

Sind wir unten,
In der Mitte oder
Oben auf der Spitze?

Globaler Terror

Kein Ort, der noch sicher ist,
Seitdem die Fundamentalisten
Ihren globalen Terrorkrieg starteten.

Sie wollen jeden töten,
Der nicht schwört, wie sie
An denselben Gott zu glauben.

Sie jagen alles in die Luft
Und erhöhen mit ihrem Terror
Weltweit den Druck.

Ihr Terror ist Krieg und
Revolution zugleich. Immer
Wollen sie den Staatsstreich.

Unsere Regierungen kuschen
Und verweigern uns den Rücken.
Wir sind allein gelassen.

Wie weit wird ihr Terror
Noch gehen? Wie vielen werden
Sie noch das Leben nehmen?

Überall

Überall sterben Menschen,
Weil sie nicht aufhören
Gegeneinander zu kämpfen.

Überall stapeln sich Leichen,
Weil unsere Zeiten von
Korruption verdorben worden sind.

Überall fliegen Raketen
Und lassen die Kampfjets
Manöver salutieren.

Überall wächst die Angst
Und verwandelt sich in Hass,
Der andere Menschen erschlägt.

Überall steigt die Zahl
Der Soldaten, die sich Jahr für Jahr
Auf den Krieg vorbereiten.

Überall sitzen die Ohnmächtigen,
Die keinen Weg kennen, um
Vor der Gewalt in ein sicheres
Leben zu fliehen.

Medienforscher

Sie leben in
Fernsehrealitäten,
Während die Welt unter ihren Füßen
Verbrennt und die Bomben
Auf Schulen und Krankenhäuser hageln.

Die Welt geht zugrunde
Und sie glotzen zu
Und denken, es ist fern.
Die Welt zerbricht,
Aber hinter ihren Bildschirmen
Fühlen sie sich sicher.
Die Welt zerfällt,
Aber sie glauben,
Es tangiert sie nicht.

Was ist, wenn ich euch sage,
Dass alles so dramatisch geworden ist,
Weil zu viele Menschen vor
Den Bildschirmen hocken oder zocken,
Statt etwas für die Erde zu tun
Und sie dadurch zu retten.

Was ist, wenn die Katastrophen
Dieser Tage die Konsequenz
Des erhöhten Medienkonsums sind?

Technoketten

Noch können sie uns
Die freien Gedanken nicht rauben,
Aber fleißige Ingenieure schrauben
Ohne Unterlass daran, Chips zu bauen,
Die sich mit dem Gehirn vernetzen,
Um unsere Gedanken zu fressen.

Noch denken wir allein.
Aber wird das immer so bleiben,
Wenn die Technik weiter
So voranschreitet?

Rechte, die uns schützen,
Gelten in den wenigen Bastionen
Echter Demokratie, aber sie sind
Wie Oasen in einer endlosen Wüste.

Werden ihre Chips uns eines Tages
Zu Killermaschinen umprogrammieren,
Die auf Knopfdruck marschieren,
Um Dörfer und Städte auszuradieren?

Noch sind wir freie Geister,
Aber die Zeit lässt Technologien reifen,
Die uns mental in Ketten legen wollen.

Werteverfall

Wer durch Social-Media
Und das Fernsehen zappt,
Begreift, wir leben in einer kranken Welt.
Es ist kein Wunder, dass sie wieder mal
Zusammenfällt und Kriege sprießen.

Frauen werden zu Sexpuppen degradiert
Und die männlichen Stars initiieren
Sich selbst als harte Jungs, die durch
Die Scheiße gehen mussten, um zu
Bekommen, was sie verdienen.

Toxisch trifft es gut,
Um zu beschreiben, was vor sich geht.
Sie dekonstruieren alles Gute
Und zerstören das verbindende Gefühl.

Nach tausend Stunden Ego-Shooter zocken,
Hält es selbst das klügste Hirn
Wieder für normal, wenn echte Armeen
Aufmarschieren, um sich zu bekriegen.

Korruption und Argwohn
Entstehen aus exzessivem Medienkonsum.
Frustration und Aggression
Sind ihr langfristiger Lohn.

Unser Lebenssinn

Unsere Kinder
Sind der Sinn
Hinter unserem Handeln.

Wir wollen für sie siegen.
Wir wünschen ihnen Frieden.
Wir sind bereit, alles zu geben
Und Bürden auf uns zu nehmen.

Unsere Kinder
Malen Bilder der Zukunft
In unserem Geist.

Wir wollen ihr Glück und
Treten von dieser Forderung
Keinen Schritt zurück.
Wir wollen sie lachen sehen,
Auch wenn wir nicht über Leichen gehen,
Wir werden dafür alles geben.

Unsere Kinder
Sind der Sinn unseres Strebens.
Unsere Kinder erheben uns
Und geben uns Lebenssinn.

Du entscheidest

Alle haben wieder
Angst vorm Krieg,
Denn er tobt nicht weit von hier,
Aber wie viele von denen
Haben vorher was für den Frieden getan?

Er kommt immer wieder,
Wenn du nur eine Sekunde ruhst,
Etwas gegen den Krieg zu tun.
Das ist das Gesetz der Menschenwelt
Und es ist mächtiger als alles Geld.

Wie reich oder berühmt
Du auch bist oder dich fühlst;
Kommt der Krieg, nimmt er
Dir ganz schnell alles weg.

Bau auf Dinge, die nicht
Dem Frieden dienen, und du wirst dich
Bald wieder im Krieg befinden.
Wann immer wir pausieren
Und uns mit Stumpfem amüsieren,
Werden die Kräfte des Krieges wachsen
Und wir werden weinend in
Einer neuen Kriegszeit erwachen.

Sei wachsam und achtsam.
Sei fleißig und geize nicht.
Diene dir, indem du dem Frieden dienst.
Lass jedes Wort, jeden Schritt, selbst
Jeden Atemzug Frieden werden.

Verdienter Frieden

Was verdienen wir
Oder anders gefragt,
Verdienen wir den Frieden?

Unsere Gesellschaft ist
Oberflächlich und getrieben
Von Gier und der Jagd nach Geld.

Wir behandeln die anderen,
Als ob sie uns dienen müssten,
Statt sie wirklich anzunehmen.

Was verdient unser Land,
Wenn sich nur noch die eigene Hand
Egoistisch gewaschen wird?

Der Preis unserer Leben
Ist festgeschrieben. Was glaubst du,
Verdient diese Welt angesichts dessen,
Wie sie sich verhält?

Ehrlichkeit wird siegen

Weil wir nicht ehrlich sind,
Blühen die Kriege.
Wir lügen uns selbst
Ins Gesicht und das Ergebnis
Sind Fake-News der übelsten Sorte.

Bots säen Kommentare
Und die Dummen leugnen das Wahre.
Das Chaos sprießt und ihm
Folgt der Krieg.

Lüge und betrüge,
Vielleicht kommst du damit durch.
Aber tief in dir wirst du verlieren;
Schlimmer noch, mit diesem Verhalten
Wirst du Lügner in dein Leben ziehen.

Wer ehrlich bleibt in dieser Welt,
Hat es immer schwerer, aber er hat eine Chance
Im Herzen Frieden zu finden, wenn er
Draußen längst verloren ist.

Wir

Wir leben im Frieden,
Aber an den Rändern
Unserer friedlichen Länder
Nagen die Kriegshetzer.

Wir leben in Harmonie,
Aber Links und Rechts
Wollen sie zerstören,
Damit wir uns hassen.

Wir leben miteinander
In gewohnter Eintracht,
Aber eine kranke Macht
Sät zerfleischenden Hass.

Wir sind freie Menschen,
Die reden und denken,
Wie sie es wollen, aber
Selbst das ist gefährdet.

Wir sind Liebende
Und stellen uns gegen
Die Triebe der Missgunst,
Des Neides und der Gier,
Denn Frieden ist unser Weg
Und er besteht aus echter Liebe!

A-Bombe

Das Ende der Welt
Naht möglicherweise.
Ein Irrer droht
Mit dem Atomkrieg.

Was macht das mit uns?
Wie verändert es uns?

Leben wir weiter wie bisher
Als stumpfe Konsumenten
Oder wachen wir auf und
Lernen wir, für den Frieden zu kämpfen.

Es hätte nicht so weit
kommen müssen, aber nun
ist es raus: Er droht
Mit dem Atomkrieg.

Tausend Kilometer
Sind ein Katzensprung
Für die Raketen.

Dein Leben hängt
Am seidenen Faden.

Kamille

Nelken statt kämpfen.
Rosen statt Granaten.
Ein Garten der Liebe
Mit duftendem Frieden.

Tauben rauben
Die reifen Pflaumen
Und der Soldat döst
In seines Weibes Schoß.

Es entspringt ein Bach
Und fließt hinab
Ins Tal des Friedens,
Wo ich zuhause bin.

Ein Schmetterling klingt,
Wo die Katze grinst.
Schnurrend surrt sie
Und verbreitet Harmonie.

Im grünen Paradies
Wirst du alles finden,
Was dein Herz ersehnt
Auf allen Wegen.

Geschichtsträchtig

Wir reisen in Zeiten
Des Friedens und Wohlstands,
Aber wir wissen,
Es gibt die Geschichte vieler Kriege,
Die unser Land aufwühlten.

Die Tage der Ahnen
Waren voll von Kanonenschlägen
Und mit Lagern für die Gefangenen.

Voll waren die Gefängnisse
Mit dicht an dicht Gedrängten,
Die gegen die Unterdrückung
Und für Gerechtigkeit kämpften.

Voll ist das Buch der Geschichte.
Leer ist das Buch der Zukunft.
Wir sind hier und jetzt und
Damit die Schriftsteller
Der gegenwärtigen Ewigkeit.

Über den Autor:

Niemand,

Nichts,

Nirgendwo,

Aber durch den Urknall prädestiniert.